CARTA AOS INGLESES

Título original: *Letter aux Anglais*

Editor
Edson Manoel de Oliveira Filho

Produção Editorial e Projeto Gráfico
É Realizações Editora

Diagramação
Nine Design Gráfico | Maurício Nisi Gonçalves

Capa
Daniel Justi

Preparação de texto
Edna Adorno

Revisão
Valquíria Della Pozza

CIP-Brasil. Catalogação na Publicação
Sindicato Nacional dos Editores de Livros, RJ

B443c

Bernanos, Georges, 1888-1948
Carta aos Ingleses / Georges Bernanos ; tradução Ana Ferreira Adão. - 1. ed. - São Paulo : É Realizações, 2021.
208 p.

Tradução de: Lettre aux Anglais
ISBN 978-65-86217-40-7

1. Guerra Mundial, 1939-1945. I. Adão, Ana Ferreira. II. Título.

21-72529 CDD: 940.53
CDU: 94(100)"1939/1945"

Camila Donis Hartmann - Bibliotecária - CRB-7/6472
11/08/2021 16/08/2021

É Realizações Editora, Livraria e Distribuidora Eireli.
Rua França Pinto, 498 · São Paulo SP · 04016-002
Caixa Postal: 45321 · 04010-970 · Telefone: (5511) 5572 5363
atendimento@erealizacoes.com.br · www.erealizacoes.com.br

Este livro foi impresso pela Gráfica Mundial em novembro de 2021. Os tipos são da família Adobe Garamond e Kozuka Gothic. O papel do miolo é Pólen Soft 80 g., e o da capa, cartão Supremo AA 250 g.

GEORGES BERNANOS

CARTA AOS INGLESES

Tradução: Ana Ferreira Adão

É Realizações
Editora

SUMÁRIO

PREFÁCIO DO AUTOR

Um dia, talvez, se diga que este livro foi escrito no exílio; entretanto, há alguns meses já não me sinto um exilado.

Tão modesta e simplesmente quanto o exprimo, mais teria valido, sem dúvida, que o sentimento tivesse permanecido secreto. Seria uma grande vergonha que eu fosse confundido com qualquer um desses escritores vagabundos que, em todas as capitais, enunciam as lisonjas imbecis de sempre com a mão no coração. Para mim, o Brasil não é o hotel suntuoso, quase anônimo, em que deixei minha mala enquanto esperava rever o mar novamente e voltar para casa: é meu lar, é minha casa, mas ainda não acho que tenho o direito de lhes dizer, sinto-me demasiadamente agradecido para merecer que me creiam. Não me vanglorio de conhecê-lo. Não o conheço – ao menos, não no sentido que os espíritos realistas dão a esta palavra, o que quer dizer que, aos poucos, esqueci algumas noções que outrora me deram a ilusão de conhecê-lo. Conheço-o muito menos que há três anos, mas parece-me que começo a compreendê-lo, e assim me desculpo por falar sobre ele aos estrangeiros, sob o risco de tornar pública minha dívida de gratidão, como se, desse modo, pretendesse saldá-la.

Depois de Munique, eu escrevia que tinha vindo ao Brasil para "fermentar minha vergonha". Não fermentei minha vergonha, mas encontrei meu orgulho, e ele me foi devolvido por esse povo.

Talvez eu devesse me ater a este simples depoimento. Explicando-o, temo torná-lo fraco. Tal depoimento é, a propósito, apoiado por pouquíssimos, e esses poucos correm o risco de se reduzir ainda mais, pois, se espero viver tempo o suficiente para ver que algumas justiças serão restabelecidas – à maneira dos homens da Lei ou dos homens da Igreja, por indenizações ou procissões –, não acredito na muito próxima restauração da Honra... O grão que teremos semeado deverá apodrecer primeiro sob a terra antes de germinar em novos corações, para uma nova primavera. Não verei tal primavera.

Amigos brasileiros, talvez nem vocês vejam tal primavera, mas que importa? No mundo que se desfaz diante de nossos olhos, não tínhamos nosso lugar, nós, franceses, os outros, e tampouco vocês tinham o seu. Nesse mundo necessariamente provisório, que vai se reconstruir com pressa, com os restos do antigo, não faremos mais que subsistir, nós e vocês. Mas, cedo ou tarde, triunfará do Ferro e do Ouro a doce e laboriosa paciência do homem. E esta colocará o mundo em nossa medida, e reconstruirá um mundo humano.

Em meus livros frequentemente se encontra esta palavra de paciência, e nunca a escrevo sem um terno recolhimento. Nosso povo teve de sofrer e durar; ou seja, sofreu de maneira natural, com decência, e quase sempre com cortesia. Por isso, a despeito de um sem-número de provas, nosso povo passou por povo feliz; e era, de fato, pois amava a felicidade. Amava-a por si mesma, e era tão capaz de amá-la nos outros, e buscava possuí-la, mas prezava quase tanto o desejo quanto a espera. Ele nunca teria tido a ideia de obrigá-lo, de forçá-lo, de pretender gozar dele sem atraso, custasse o que custasse, sob o risco de destruir germes preciosos, de esterilizar o futuro, como fazem os homens modernos, cuja civilização um dia parecerá o que é: a expulsão a ferros de um feto não viável, uma gigantesca empresa de aborto. Esse povo levou, por exemplo, seiscentos anos para realizar sua unidade nacional; e quando o século XVII concluiu sua obra de arte, já era o bem de todos, uma parte agora imperecível do patrimônio universal. Caros amigos, vocês podem ver face a face conosco as raças sumárias e violentas que fazem da força ou da riqueza o que um diabético faz do açúcar ou um hidrópico faz da água, sem entender que isso é feito em detrimento de sua própria substância. Essas raças pensam criar, quando na verdade perdem a força. Vocês são aqueles que criam, mas os agitados não percebem; pensam que se pode criar em qualquer ritmo, confundem "produzir" e "criar". Vocês criam com o tempo, e eles não respeitam o tempo, nem o amam; veem-no como uma mercadoria como qualquer outra. Não têm paciência, ou seja, serão sempre estrangeiros às grandes obras da Vida, pois a Vida é toda paciência. Ignoram a Paciência da Vida e desdenham da sua, porque a veem, em sua ignorância, como uma espécie de resignação preguiçosa. Pensam que vocês tardam muito a "explorar" sua terra, isto é, a refazê-la à sua imagem e semelhança, a explorar sua terra, isto é, abri-la para eles, escancará-la por completo. Eles ouvem alguma coisa que se move lá dentro, não sabem bem o que, e sonham possuir essa coisa imediatamente, viva ou morta. Medem a espessura de suas montanhas, as encostas de seus rios, a profundidade de seus vales; calculam o que isso custará em marcos, florins, ienes, rublos, piastras, libras ou dólares, para reduzir todos os obstáculos e lhes trazer a felicidade sob a única forma que dela conhecem: as mercadorias. A única coisa que esquecem é que as montanhas podem ser perfuradas, os rios desviados de seu curso, os vales transpostos ou tapados, mas que nenhuma força no mundo seria capaz de mudar a natureza de um povo, sua concepção íntima, tradicional ou familiar da vida, isto é, em suma, a ideia de felicidade que esse povo constrói.

Caros amigos, seu povo sentiu a infelicidade do meu país como se fosse seu próprio país; e ele de fato o era. Nunca neguei os erros da França, nem mesmo que ela cometeu uma falta grave para com o mundo; mas, quando o mundo moderno proclama sua decepção, esse mundo mente, pois não o decepcionamos. O mundo sabia muito bem que, por sua culpa, nossa solidão se agravaria mais dia após dia e que em uma sociedade em que a autarquia econômica conduz logicamente à autarquia intelectual e espiritual, enfraquecer-nos-íamos, necessariamente, pois os outros se recusavam a nos entender e ali não poderíamos mais sentir amor. Todos eles esperavam por esse declínio, alguns com tristeza, como um sacrifício indispensável, inevitável, feito pelo bem comum; outros, com ódio, como uma desforra havia muito desejada. Eles esperavam esse passo em falso que desobstruiria o caminho. Tendo, depois de muito tempo, deixado de servir aos valores humanos e históricos aos quais nosso ilustre nome continua ligado, sofriam ainda seu prestígio, esperavam estar totalmente quites e que nós mesmos os tivéssemos renegado. Nós os renegamos. Nós os renegamos de maneira implícita, que fez com que, por um instante, os adversários estivessem de acordo, prontos para engalfinhar-se novamente em uma luta mortal. Renegamos a antiga vitória francesa e, com ela, os princípios em nome dos quais vencemos; renegamos a nós mesmos com nossa vitória, entendem? Quando a abjuração solene foi celebrada, todos estavam lá, amigos ou inimigos – lembrem-se disto! lembrem-se disto! –, eles estavam todos lá, como que aliviados, entregues, reconciliados. É Munique que vive nossa vitória abolida, e não Bordeaux ou Rethondes. E deveria mesmo ser o Senhor Chamberlain, quer dizer, uma criatura absolutamente estrangeira a nosso povo, para crer, durante um instante que, tendo traído o pobre amigo que em nós havia depositado toda a confiança, hesitaríamos um minuto em fazer com que o aliado opulento sofresse a mesma sorte, esse mesmo que, depois de nos encorajar à vergonha, a partir daquele momento se absteve de partilhá-la.

Caros amigos, naquele momento eu estava entre vocês. Seu povo recebeu o golpe de silêncio com uma espécie de recolhimento trágico que se assemelhava ao estupor. De todos, entendo agora que esse povo é, sem dúvida, o único a quem decepcionamos até a alma. Escrevo isto não para vocês, mas para os franceses que acreditam em mim, que bem sabem que eu seria incapaz de encarar tal depoimento de maneira leviana. Deus nos livre de nos orgulhar desta decepção, de fazer uma homenagem grosseira a nosso país como se fosse apenas uma prova de amor! Decepção da alma é um pouco diferente de decepção do amor. Duvidando de nós, vocês foram tentados a duvidar de si mesmos; sua amizade estava ainda menos ferida que sua consciência, pois sua consciência e a nossa estavam anteriormente acordadas, e não digo para um mesmo ideal – esta palavra tão vaga, tão abstrata –, mas para uma representação ao mesmo tempo espiritual e carnal da vida. Tendo-lhes recusado que nos condenassem, que nos negassem como nós mesmos nos tínhamos negado, vocês não poderiam, no entanto, nos justificar, senão reconhecendo que essa representação fosse falsa ou que a vida lhes havia mentido.

A vida não mentiu para vocês. Fomos nós que mentimos – uma única vez ao longo de nossa longa história; mas consertaremos a mentira de um dia, lavaremos nossa vergonha, se for necessário, nas ondas de nosso próprio sangue. E, se não conseguirmos, vocês mesmos consertarão a mentira, cedo ou tarde, prosseguindo simplesmente com sua tarefa, isto é, continuando a viver de acordo com a ideia que têm da vida, como nós mesmos fizemos durante tantos séculos. Esse é o segredo de nossa grandeza. Enquanto outros povos trabalham para desempenhar um papel que eles mesmos escolheram, não segundo sua medida, mas segundo a medida de seu orgulho ou de seus apetites – a Alemanha do Santo Império, a Inglaterra da Dinastia Plantageneta, a Espanha de Carlos V –, não desejamos verdadeiramente senão uma coisa: dar-nos os meios de viver em segurança, de acordo com nossos gostos, de ser o que a natureza nos criou, ou ainda o que ela criava em nós com o passar dos dias, pois tomávamos cuidado para contrariá-la o mínimo possível. A França construiu-se lentamente – pois esperávamos não ter espaço para fazê-la crescer –, solidamente, pois a construímos de acordo com nossas necessidades. Ela tem exatamente nossas proporções, não é maior que nós e, assim, não corre o risco de cair sobre nossa cabeça. Para atingir a grandeza, escolhemos o caminho mais longo; mas é o único que leva ao objetivo. Aplicamo-nos a tornarmo-nos grandes, sem deixarmos de ser humanos, ou seja, sem negar os erros, as fraquezas ou mesmo nosso lado ridículo, que são mais ou menos comuns a todos os homens e os levam a um sentimento justo do que lhes é possível ou impossível. Sempre odiamos os super-homens e o sobre-humano, sempre acreditamos que, entre o natural e o sobrenatural, não há lugar para o sobre-humano. E se hoje parecemos nos dobrar, é porque essa falsificação diabólica do sobrenatural faz uma tentativa suprema de sujeitar as consciências e desviar-se rumo à guerra, ou seja, rumo ao vazio, ao trabalho humano.

Caros amigos, não espero, de forma alguma, que tenham recebido de nós seu ideal, como afirmam, de maneira demasiado generosa, certos intelectuais. Nestes três anos, a propósito, conheci poucos de seus intelectuais, e todos eles viveram com os camponeses. Não foram, portanto, seus intelectuais que me fizeram compreender os camponeses de seu país, mas os camponeses de seu país que me fizeram compreender seus intelectuais – eis a verdade. Compreendi que os intelectuais de seu país se utilizavam de nossa cultura contra certa concepção da vida que seu povo rejeita por instinto e cujo triunfo faria mais que trazer sua futura ruína: anularia e desonraria seu trabalho passado, ridicularizaria suas esperanças e o obrigaria a admitir, ao pé da morte, que não deixa ao futuro senão ilusões sem substância, que teria valido nunca ter nascido. Seus intelectuais utilizam-se de nossa cultura, pois, para eles, ela é o instrumento mais apropriado para a defesa comum; mas é do fundo popular que tiram o sentimento quase físico do perigo corrido e a vontade de vencê-lo.

A experiência mais emocionante que tive com vocês e que mais me aproximou de sua alma foi a que me fez descobrir, pouco a pouco, com o passar dos dias, quanto – a despeito das aparências e, frequentemente, sem o conhecimento de tais aparências – suas elites sociais mais refinadas permaneciam perto de suas origens camponesas, de acordo com mil traços profundos ou fascinantes; o que hoje, infelizmente, poderia ser dito a respeito de apenas um pequeno número de aristocratas no meu país.

Sim, seu povo sabe que não há nada de bom a esperar dos super-homens, nem de uma sociedade feita por super-homens. Seu povo desconfia dos super-homens, mas os super-homens não desconfiam menos de seu povo. Eles gostariam de convencê-los da indiferença do Progresso, fazer a vergonha do que ora chamam de preguiça, ora de leveza. Eles sabem perfeitamente que, ao se recusarem a viver de acordo com o ritmo que pretendem impor ao esforço humano, corremos o risco, cedo ou tarde, de alterar todos os seus cálculos, pois sua atividade histérica não pode ser desviada, nem diminuída; é uma torrente que escoa, uma pedra que rola na encosta. A organização do mundo que eles nos propõem não é senão uma enorme especulação de valores fictícios, um logro; devora o trabalho do homem antes de devorá-lo. Toda instauração ou restauração de um valor real, por mais humilde que seja, é, assim, uma ameaça ao sistema. Vocês estão introduzindo no mundo um valor real, e a distância de sua costa e a imensidão de seu território fazem com que aí se empregue o tempo necessário para trabalhar de acordo com o tempo, para respeitar as leis da vida. Oh! Este não é um elogio grosseiro, não exijo que seu povo saiba exatamente o preço do que criou para si, ou mesmo que tenha consciência de criar alguma coisa. Quando lhe vier essa consciência – clara e distinta –, ele terá concluído a melhor parte, a parte mais difícil de seu destino. O que realizamos de grande faz-se antes em nós, quase sem nosso conhecimento, por esta força interior que parece responder a um chamado misterioso – eis o sentido, tanto para os homens quanto para os povos, da palavra vocação, *vocatus*, chamado. Não depende de nós sermos chamados, mas depende de nós responder ou não ao chamado. Caros amigos, ao longo destes três anos em que eu e vocês compartilhamos a vida – e quase ouso dizer o trabalho e a pobreza de seus camponeses –, senti, com profunda doçura, uma impressão de libertação, de alívio, de que seu povo estava no caminho certo, que cumpria sua tarefa, nada mais, nada menos, em um mundo cujos povos em sua maioria vieram para desprezar a sua, para invejar a dos outros, para decidir em congressos de especialistas diplomados o programa de suas supostas aspirações nacionais. Seu povo cresce como uma árvore, ou compõe-se como um poema, por uma espécie de necessidade interior, da qual o mundo moderno nada entende, pois, precisamente, não tem necessidade interior, pois se impõe de fora, pois é uma vitória monstruosa e efêmera da atividade desordenada dos homens sobre a Natureza e sobre o homem, uma dissipação, um desafio. Seu povo cresce sem saber – como, a partir de agora, também nós crescemos –, o que é a melhor maneira de se desenvolver regularmente, sem correr o risco de perder suas proporções originais, de ser, cedo ou tarde, uma cabeça de gigante sobre pernas de anão. Aqui, como agora na Europa, o homem e a terra reagem um ao outro, aperfeiçoam-se um para o outro, em uma luta incessante cujo caráter implacável não se percebeu anteriormente. Aqui, o homem conquista a terra selvagem unicamente por suas forças, por suas mãos desnudas. Adoraria que isto fizesse rir os comerciantes de quinquilharia mecânica. Eles nem sempre rirão. Adoraria que isto custasse muito tempo, muitos mortos. Mas é assim que se formam os grandes povos, os povos livres; é assim que todas as forças e toda a paciência da terra passam pelos músculos e pelo coração dos homens.

Quando percorri pela primeira vez essas paisagens de colinas que, do Rio à capital verdejante de Minas – e ainda mais além, até os confins do Sertão, até a minúscula floresta, infinita –, subindo e descendo sob o olhar, em um movimento mais lento, mas idêntico ao do mar, procurava descobrir alguma coisa que se parecesse com as aldeias do meu país; e, frequentemente, não encontrava senão casas solitárias, com os campos de milho com espigas desiguais invadidos pelas matas, bananeiras destruídas pelo vento e penachos de bambu tão orgulhosos e quase tão vãos quanto as grandes metáforas de Claudel. E, então, vinham-me à boca – infelizmente! – os "deveríamos", "precisaríamos", "poderíamos ter feito", "deveríamos ter feito" da ignorância pretensiosa. Mas acabei por compreendê-los, oh camponeses tão diferentes dos nossos e, no entanto, tão idênticos, pois nasci para amá-los. Quem os julga apenas pelo trabalho de suas mãos julga-os mal, absurdamente. A terra do meu país é uma terra amiga do homem. A sua não é sua inimiga, certamente, mas os ignora; vocês estão sozinhos diante dela, sem aldeias, sem vizinhos, com suas pobres famílias. Convém antes domesticá-la, torná-la familiar. Oh! Sem dúvida poder-se-ia tentar vencer sua resistência de uma única vez, parti-la, estripá-la; seria preciso apenas material, técnica e ouro suficientes. Mas ela não lhes pertence mais. Em vez de ser a terra de sua libertação, ela se tornaria o instrumento de sua servidão. O estrangeiro compara-os com seus irmãos da Europa, e pensa que vocês não a trabalham o suficiente. Talvez vocês não a trabalhem tanto quanto eles, mas morrerão bem mais tarde. Nossos camponeses dão o suor por ela, e vocês por ela dão a vida. Pois o que vocês dela arrancam, mais por astúcia que por força, quase não basta à sua subsistência; e suas pequenas mãos sobre os palmos, tão macias de ver de longe, quando a noite cai, tão tranquilas, fazem pensar nas jangadas de pescadores do Norte, jogados no abismo. Se nos parece que vocês poupam suas forças, é porque não as têm, e dispõem delas da melhor maneira possível, reservam-nas para o canto, a dança, a música, pois há muito tempo a experiência lhes mostrou que o princípio de sua resistência não estava em seus músculos ou entranhas, mas em seus nervos, como a resistência de animais livres, mulheres e artistas. Assim, o ritmo de seu esforço não é o mesmo que o nosso; mais ainda, seu esforço guardou um ritmo que o nosso perdeu. Assim, vocês conseguem sofrer e durar onde qualquer outro lhes esgotaria a coragem em pouco tempo. Mas o segredo de sua força é também o de sua resignação incomparável. Mas, assim que o ritmo se rompe, para vocês morrer é natural, e morrem sem arrependimentos, sem nunca ter exigido uma hora a mais do que seria necessário contra os poderes hostis, que vocês sabem não podem ainda ser dominados, sua vida paciente, engenhosa... Escutem-me, entretanto: bem antes que eles lhe sejam sujeitos, bem antes que vocês tenham vencido a fome, a sede, as febres, as ervas venenosas que sua terra prefere às boas, os inúmeros insetos, bem antes que tenham perdido essa humildade para com as coisas, que, a propósito, nada tem de servil, terão dado ao mundo um tesouro mil vezes mais precioso que pastos e pomares: vocês lhe terão dado um povo livre, formado para a liberdade.

Georges Bernanos
Dezembro de 1940

Dezembro de 1940

Ingleses! Ingleses! Homens ingleses! Estas páginas lhes chegarão, sem dúvida, em algum dia de dezembro próximo. Desejo-lhes, assim, um feliz Natal. O Natal é a festa da infância. Feliz infância ao povo inglês! Nós, franceses, nunca fizemos muito esforço para entender os ingleses, que nossos ancestrais do século XV chamavam de "godons", e a quem vaiavam ao grito popular de "O rabo! O rabo!", pois suspeitavam que eles dissimulassem o apêndice diabólico nas calças como punição de seus pecados. Não entendíamos muita coisa com relação aos ingleses, mas muitos de nós já sabiam que as crianças inglesas estão entre as mais bonitas do mundo. Feliz Natal à infância inglesa! Nós os tomávamos, todos vocês, por *mylords* engravatados e barrigudos, enriquecidos pelo açúcar e pelo algodão, inventores da libra esterlina, do cavalo de corrida e do guarda-chuva, em um dia de melancolia, ao comer um pernil de carneiro acompanhado de tristes batatas; e eis que, seis meses depois, dia após dia, vocês nos contam uma história maravilhosa, absolutamente incompreensível às Gentes Sérias, aos Homens Maduros, às Experiências e às Competências: uma história de criança. Hurra para a infância inglesa!

Bem sei que todas as grandes histórias acabam sempre, ao longo dos séculos, por se tornar histórias de criança, mas esta imediatamente se tornou uma; quero dizer que, mal tendo começado, reconhecemos nela o sinal triplo e visível da predestinação. Tal história enganava a previdência dos sábios, humilhava os covardes, consternava os imbecis. No último mês de junho, todas essas pessoas balançavam a cabeça, qualquer que fosse a cor de sua pele, de uma extremidade do mundo a outra. Eles nunca tinham sido tão Velhos, nunca tinham tido tanto orgulho de ser Velhos!... Todos os números que tinham engolido ao longo de sua vida fúnebre, com o objetivo de se precaver contra os entusiasmos do coração, obstruíam seu aparelho circulatório, e ficavam cheios de estatísticas como sacos d'água. Ofereciam a prova de que, depois do Armistício de Rethondes, a guerra havia se tornado matematicamente impossível, como se os homens tivessem sido feitos para a matemática, e não a matemática para os homens. Alguns riam com escárnio da alegria, mas isso não era o mais perigoso, pois o ódio é um sal que, ao menos por um instante, preserva os velhos da corrupção. Outros nos ameaçavam de contágio de enternecimento, decompunham-se diante de nossos olhos, debulhavam-se em lágrimas impotentes que espalhavam um cheiro infecto. "Sozinha contra todos, diziam eles, eis aqui uma história para crianças!" Era, de fato, uma história para crianças. Hurra para a infância inglesa!

Homens ingleses, vocês estão escrevendo neste momento – como dizem os oradores em seu linguajar – uma das maiores páginas da história. Gostaria de expressá-lo de maneira mais simples, com palavras mais simples. Mas talvez não haja mais palavras simples, como já não há pão verdadeiro. Tanto pior! Se as melhores palavras de fato estão muito gastas, bem, faremos outras, refaremos palavras livres para homens livres! Vocês estão escrevendo agora uma das maiores páginas da história, são vocês, ingleses, que a escrevem, mas foi sem dúvida pelas crianças que começaram a escrever. "*Era uma vez, em uma ilhazinha, um grande povo, sozinho contra todos...*" Com tal depoimento, que velha raposa da política e dos negócios não teria fechado o livro e dado de ombros? Sua vitória é um sonho de criança realizado por homens.

*

Oh, vocês que me lerão daqui a seis semanas ou seis meses, ou talvez nunca – pois quem poderia prever o destino destas modestas páginas ao longo de tantos milhares de milhas marítimas? –, desejo-lhes um feliz Natal, e tento desejá-lo alegremente, pois a alegria de todos é uma homenagem que lhes é devida. Que fariam vocês de nossa tristeza? Que já se fez da tristeza? Não existe, a propósito, verdadeira tristeza senão na vergonha; a vergonha é triste por si só, pois é sem remédio. De todas as misérias do homem, é a única da qual a morte não liberta. Não aceitei a vergonha, por que aceitaria a tristeza? Basta apenas que aceite a infelicidade. Que esta pese agora sobre nós com todo seu peso! Que não esmague senão a nós! É verdade que se fez noite no meu país, e talvez eu não veja seu fim, mas não tenho medo da noite, sei bem que, indo ao seu fim, encontra-se outra aurora. Que eu a conheça ou não, para dizer a verdade pouco me importa agora. O grande norte de minha vida nunca foi ver, mas crer. O que vemos nos é tão somente emprestado, e aquilo em que cremos nos é dado. Sou capaz de possuir apenas pela fé. O que minha pobre experiência me fez conhecer a respeito do meu país? Pouca coisa. Um pequeno número de vivos, dos quais muitos já morreram. Fragmentos de história que escaparam do dente dos ratos, ou dos pedantes, mil vezes mais destruidores que os ratos. Paisagens cuja imagem intransmissível que guardo não sobreviverá ao meu olhar. De muitas maneiras, meu país permanece um enigma para mim, e a solução do enigma está nas profundezas do meu eu. Que assim permaneça! São os povos subalternos – como o italiano, por exemplo –, as raças invejosas e malnascidas, para as quais o ódio e o desprezo são tônicos necessários, que buscam eternamente definir-se para melhor esconder que sempre buscarão a si mesmos, que nunca se realizarão. Minha raça é velha e ilustre demais para se definir; ela se nomeia. Carrego seu nome, carrego o nome que ela me deu. Não o carrego como uma pluma carrega um feltro, como um galão sobre a manga, ou como um título de conde do papa. Não o mereci, nem paguei por ele; ele não é, a propósito, distinto de mim mesmo, eu e ele somos apenas um. Tento carregá-lo como carrego o nome católico, com humildade, ou seja, com naturalidade, o mais natural e simplesmente que posso. Ser humilde não significa, de forma alguma, buscar humilhações, o que não acontece sem muita imprudência e orgulho; basta ser aquilo que se é aos olhos de Deus, nem mais nem menos. O que o nome da França significou antes de mim, o que significará no futuro, o que significa hoje para os outros, nada disso deve me desviar de meu objetivo. Quando tiver trabalhado até o fim, até onde o fim afronta, então, talvez, ser-me-á possível entender melhor, então, talvez, poderei ver, depois de ter crido. Como todos os de minha raça que estiveram antes de mim neste mundo, não saberei senão graças ao outro o que é a França, mas antes de juntar-me a eles, quando minha modesta tarefa for cumprida, saberei – sim, saberei – o que é um francês.

*

Peço perdão por dar a estas páginas o tom da confidência. Na verdade, não conheço outro tom. Comecei a escrever com mais de quarenta anos, e a extrema boa vontade do público para comigo, há onze anos, não me convencerá a ser escritor profissional. Minha obra vale o que vale, mas não é um teatro bem administrado ao qual os espectadores vêm para se distrair, e aonde eu mesmo vou para cuidar de distraí-los, quer dizer, para ganhar a vida. Minha obra sou eu mesmo, é minha casa, falo-lhes com o cachimbo na boca, com a jaqueta ainda fria da última tempestade, com as botas que secam diante da lareira. Para me dirigir a vocês, não preciso nem sequer mudar de sala, escrevo na mesma sala e sobre a mesma mesa onde mais tarde cearei com minha mulher e meus filhos. Entre mim e vocês não há sequer o ordinário representante de uma biblioteca, pois não tenho livros. Entre mim e vocês nada de fato existe a não ser este caderno barato. Não se pode confiar mentiras a um caderno barato. Por esse preço, não posso dar-lhes senão a verdade.

Se esta linguagem lhes parece muito familiar, pensem que é a linguagem de um homem que, já não esperando a vingança senão em um futuro que provavelmente não verá, pode falar-lhes como se já estivesse morto. Falo da vingança, não da vitória. A vitória está em suas mãos, mas a vingança que espero está no punho fechado de crianças no berço, que ainda não se preocupam nem com vocês, nem comigo, ou que talvez ainda não tenham nascido. Não a vingança que meu país agora espera, depois de 1870, não a vingança contra o inimigo, mas a da França de amanhã sobre esta de hoje, a vingança dos filhos contra os pais. Não somos a geração da derrota, somos a geração da afronta. Seria preferível que fôssemos apagados juntos, nós e a afronta, que caíssemos juntos no esquecimento. Isto não é possível, tanto pior! Não queremos que, por consideração a nós, nossos filhos chorem essa afronta como uma infelicidade. É, de fato, uma infelicidade, mas eles não devem saber, eles não devem ser mais ternos conosco por medo que, caso um dia se tornem mais ternos consigo mesmos, fiquem, por sua vez, tentados ao desamparo. É preciso que o coração francês não guarde esse ponto de supuração; queremos que a cicatriz se torne mais dura que a pedra.

*

Não escrevo com revolta ou amargura, mas, pelo contrário, com o sentimento de profunda paz. E se escrevo para vocês, ingleses, não é porque tenho certeza de que serei compreendido, mas sua raça sabe se calar a esse respeito; estou certo de que vocês não cometerão a injúria de se compadecer de mim. Mais vale não desejar ser compreendido rápido demais, mais vale não desejar ser compreendido de forma alguma; é, provavelmente, o meio mais certo de conseguir fazer-se entender. Tento lhes dizer tão sincera e ingenuamente quanto posso o que pensa hoje, na solidão do exílio, um velho sobrevivente e manco da última guerra, um homem francês. Não falo em nome do meu país, com a mão no coração, como fazem, no tribunal, os oradores políticos.

Ninguém nunca teve o direito de falar em nome do meu país, a não ser seus Santos e seus Heróis, e eles se abstiveram de falar: agiram. Não me deleito ao fazê-los entender a França. Eu mesmo não sei se a entendo. Não tento entendê-la, pois ela não permite esse lazer, leva-me consigo em sua grande aventura que nunca terá começo ou fim, pois é uma aventura espiritual, e uma aventura espiritual empreendida por homens que, mais que os outros, têm o sentido do real e do carnal. Essa contradição que deveria nos perder nos salva incessantemente, e esse paradoxo faz nossa história. Se parássemos durante muito tempo, não poderíamos mais replicar. Sabemos bem que essa contradição é o princípio de todas as nossas infelicidades, mas não a resolveremos senão caminhando, ou outros a resolverão por nós, que importa? Somos uma cristandade em marcha, e é isso que o mundo não quer admitir, pois corre mais rápido que nós, apenas não rumo ao mesmo objetivo. Somos uma cristandade em marcha, e sabemos muito bem, a despeito do que nos dizem os lisonjeadores e de nossas próprias presunções, que não é, de forma alguma, uma marcha triunfal, atrás da fanfarra. Por que não nos julgam por nossa história? Nossa história é uma longa paciência, nenhum povo fez seu destino de maneira mais paciente, nenhum povo uniu sua terra de maneira mais paciente, nem reparou seus erros ou suas loucuras de maneira mais paciente. Somos uma raça camponesa, uma raça operária, que trabalha com braços fortes, seis dias por semana, mas não veem em nós senão o sétimo dia, quando, em roupa de domingo, com o copo cheio e o coração alegre, fazemos dançar as meninas. Somos uma cristandade em marcha rumo ao reino de Deus, mas que não vai a ele de mãos vazias. Não teríamos inventado de ir tão longe quando temos tanto a fazer em nosso país, mas porque parece que o bom Deus nos escolheu para levar a liberdade, a igualdade, a fraternidade a todos esses povos dos quais não sabemos sequer a localização exata no atlas. E sim! Vamos colocar mãos à obra, vamos salvar o mundo, com a condição, é claro, de salvar com ele nossos campos, nossas casas, nossos animais, e também a pequena renda que temos com o tabelião. Somos uma cristandade em marcha, mas ela caminha a pé, arrastando atrás de si uma tripulação obstrutora, porque seu pequeno bem lhe é caro e ela nada quer deixar pelo caminho. Somos uma cristandade em marcha rumo a um reino de igualdade, de liberdade, de fraternidade no qual às vezes nos é difícil crer, porque não cremos de bom grado senão naquilo que vemos, e nunca o vimos. Então, meu Deus, não vamos rápido demais, nada nos apressa, devemos consertar os sapatos; colocar novos solados custa tão caro!... Oh, sem dúvida, há entre nós meninos corajosos que galopam ao longo da colônia, que riem para as meninas e, ainda por rirem para elas, quebram o pescoço. Gostamos bastante deles, estamos orgulhosos deles, reconhecemos neles os traços de nossa natureza, uma parte de nós mesmos que desperta toda vez que bebemos um copo a mais; mas, se eles montam bem a cavalo, não chegam à etapa antes de nós, e, ao longo dos séculos, fizeram mil besteiras notáveis, que tivemos de reparar obscuramente, dia após dia. Foram derrotados em Azincourt, em Crécy, gastaram agora muito de nosso dinheiro para conquistar o reino de Nápoles, pois as garotas dessa terra lhes pareciam belas, e de lá trouxeram apenas dívidas e o mal napolitano. Eles correm muito rápido para o inimigo, e a única coisa que lhes acontece é voltar tão rápido quanto partiram. Por causa deles nossa história parece frívola, e, no entanto, não há mais grave, mais terna, mais humana. Por causa deles, de seus volteios para a frente ou para trás, imaginam que não avançamos, e quando vêm de encontro a nós em desordem, imaginam que recuamos. É verdade que caminhamos lentamente, mas, se parássemos de repente, o mundo sem dúvida perceberia, o coração do mundo curvar-se-ia.

*

Mais uma vez, não espero que tais palavras sejam entendidas hoje, e, quando vier o momento de compreendê-las, já estarão há muito esquecidas. Peço desculpas caso pareçam presunçosas. Apenas parecem, pois, nestes dias de vergonha, a última coisa da qual me sinto capaz é mentir para mim mesmo. Quando disse que o coração do mundo se curvaria, não significou, de forma alguma, que esse coração pararia de bater, ainda que eu creia que o mundo moderno seja perfeitamente capaz de viver sem coração. Não somos nem melhores nem piores que os outros. É verdade que não escondemos nossos vícios, pois nossa cristandade é a menos farisaica da Terra, mas eles escandalizam muito menos que o nosso ridículo, e o mais constante de nosso ridículo é emprestar, de bom grado, o ouvido àqueles que nos pedem que agrademos. Esforçamo-nos para agradar, para melhor dissimular um desejo muito mais profundo, pois é verdade que desejamos ser amados. Nós o desejamos demais para ousar admiti-lo, demais para conseguir sê-lo, e acabamos por dizer descaradamente que o somos, ou talvez por acreditar nisso, ora ternos e cínicos, ora sinceros e fanfarrões. Por isso o mundo desconfia de nós, desconfia desse humilde lar que construímos de era em era, uma chama quase morta sobre as cinzas, mas que ainda se pergunta se vai inflamar a terra. De todas as nações, somos a única que entrou inteiramente no Novo Testamento, sem sobressaltos, que não se eleva senão da Nova Lei. Certamente, conhecemos o poder, aconteceu-nos de ser temidos; mas, assim que causamos medo, nada mais nos importa senão nos fazer amados. Para sermos amados, gastamos mais heroísmo e mais loucura que o que nos custou ganhar dez impérios. Infelizmente! O coração nos faltou no último passo e, desencorajados para seguir um objetivo que se oculta incessantemente, somos novamente possuídos pela sanha de agradar. Para agradar, na falta de coisa melhor impelimos oradores enfáticos e pedantes, cantores e cantoras, alferes sem cérebro com bigode loiro, Celimena de setenta anos e pequenos burgueses demagogos, tão fora de moda quanto os Celimenas. Quando não temos mais tantos fantoches, o estrangeiro recebe de nós a receita e inventa fantoches. Inventou, por exemplo, o Poilu de 1914, o herói do café-bar, irônico e sentimental, que faz guerra rindo, enquanto nós a fizemos honestamente – honestamente, pacientemente, humildemente, como se ganha o pão dos filhos –, e é bem o nosso pão, com efeito, o pão que tínhamos ganhado, que eles acabam de jogar na lama.

*

Nós não apanharemos o pão. Oh! Ingleses, leitores ingleses, talvez haja alguns entre vocês que eu conheci outrora, lá, entre Loos e Vimy, ou ainda mais tarde, muito mais tarde, em um março negro e ventoso, nas estradas terrivelmente vazias, as estradas muito abertas de Albert e Montdidier. Somos hoje os mesmos homens – e a vocês, ao menos, posso falar de coração. Não apanharei o pão que eles jogaram, não o tomarei novamente em minhas velhas mãos, não o enxugarei com a aba da capa que, por tanto tempo, guardou o cheiro dos mortos. Não comerei mais de um pão que, como eu, o Velho do Armistício, agora mordeu. Exilei-me do meu país, também posso me exilar de nossa antiga vitória. Deixei meu país há já dois anos, em outro outono sinistro. Deixei-o à véspera de Munique, pois, se um homem livre ainda podia viver ali, não podia ali respirar livremente, não podia viver com honra. Quero dizer que um homem livre pode subsistir em uma tirania organizada, porque o risco que corre traz nobreza à sua vida. Mas a espécie de solidão a que um francês se encontrava já condenado em 1938 era sem riscos. Era apenas humilhante, opressiva. O inimigo não estava em lugar nenhum e estava em todo lugar. A traição ainda não tinha nem nome nem rosto. A traição enfraqueceu a opinião francesa em todos os setores, arruinou sorrateiramente os centros nervosos do povo francês. Sem dúvida, a imprensa – a propósito, quase inteiramente às suas fianças – fazia sempre muito barulho, mas era para melhor cobrir o silêncio assustador da nação que não acreditava mais em si mesma, desligava-se lentamente de si mesma. Nessas condições, a liberdade poderia continuar inscrita nas leis, ela não estava mais nas consciências, não servia para mais nada. O discurso livre, tão logo proferido, tornava a cair como um pássaro que gostaria de voar no vazio. Deixei meu país, pois, nada mais tendo a lhe dar, recusar-me-ia a receber dele o que quer que fosse. Deixei-o mesmo sem saber ao certo em que país da América refaria um lar, nem como alimentaria os meus. Queria apenas fermentar minha culpa em algum canto perdido destas terras sem limites, pois não me viram nas cidades douradas da costa, aqui não levei a vida de um cabotino literário em conferência, não cunhei meu exílio, não dei minha tristeza ao espetáculo. Quando chegou a mim, em um dia de junho, a novidade da desonra, estava eu muito mais longe, a oeste, mais longe que a última estação de ferro, além da trilha e das estradas, em pleno "sertão" brasileiro, a floresta anã e maciça em que as vacas selvagens traçam caminhos. É um país onde não se janta na cidade, mas onde o homem tem tempo para interrogar sua consciência e ouvir o que essa lhe responde. Nosso pequeno posto de telegrafia sem fio alimentado por uma bateria bastante velha – ali era impossível de se defender das formigas, quase tão grandes quanto vespas – interrompia-se incessantemente para dar gritos agudos e lamurientos, como um cão torturado por pulgas. A tempestade diária dava pancadas nas paredes de terra, batia no telhado de colmo com golpes surdos e sinistros, e os troncos das árvores do "curral" reluziam sob a chuva como colunas de bronze. Ficávamos todos de pé em torno daquele aparelho ridículo, daquele sapo ofegante, como diante da imagem disforme e grotesca de nossa miséria.

*

Ingleses, vocês se perguntam de onde virá a salvação para nós. Não interroguem essa parte de nossa alma aberta a todos, que cada um conhece, ou pensa conhecer. Não esperem a salvação da França vigorosa e um pouco boba encarnada pelo galo galês. O galo é uma ave estúpida, e é absurdo fazer dela o emblema de uma nação cujo brasão milenar carrega três flores-de-lis sobre um campo de lírios. Oh! Ingleses, somos um povo que a infelicidade não endurece, não podemos ser mais humanos senão na infelicidade; eis o segredo da fraqueza inflexível que nos faz sobreviver a tudo. Enquanto eu ouvia sair do hediondo pulmão mecânico a sentença que condenava nossa antiga vitória à morte, já esquecia que, de certa maneira, ela nunca me tinha pertencido, e a única maneira de aliviar minha pena era precisamente dizer-me que nada mais possuíamos, que éramos a geração de mãos vazias e cemitérios cheios. Pensam que somos orgulhosos, e somos uma raça humilde e fervente que sabe que a noite restabelece o dia, que o dia restabelece a noite, e que, quando a estrela da manhã se levanta, os pecados da véspera já foram perdoados. Oh! Ingleses, tento falar-lhes em nome do que nossos reis chamavam, tão gentilmente, de "pequeno povo", "gente sem importância", pois nos momentos de desespero, quando tudo falta ao mesmo tempo, o mais orgulhoso dentre nós, por mais ilustre que seja seu nascimento, volta a ele como à casa da infância. Ele é mais antigo que qualquer uma de nossas famílias, é mais nobre que os mais nobres ou, ainda, é o único nobre dentre os camponeses disfarçados. A burguesia, triunfante, pôde lhe dar alguns de seus vícios, mas não corrompeu seu coração. Ele não reconhece nela o sinal marcado na testa de seus antigos senhores, e nenhuma força no mundo o fará curvar-se diante dos mestres arrogantes e tímidos que, ao mesmo tempo, o desprezam e o temem. Pode-se dizer que ele se dá a outros que não valem a pena. Mas os políticos demagogos não teriam tanto poder sobre ele se não explorassem tão somente sua miséria; exaltam seu orgulho, tratam-no como rei – e que rei não tem seus cortesões, seus lisonjeadores, seus bobos da corte? Condenam-no por ser revolucionário, como se fosse possível esperar que algum dia se tornasse conservador, ou seja, imóvel, um povo que ainda tem erros a reparar e que os repara tão somente caminhando, um povo de trabalhadores que, há mil anos, semeia sem descanso e, depois de recolher a última gavela, bebe e brinda à próxima colheita. Não será possível parar esse povo em marcha, não será possível destruir sua esperança, não será possível desencorajá-lo em sua espera, não será possível cansar sua coragem, pois precisamente sua coragem e sua esperança são uma coisa só. E que quer que digam os lisonjeadores, essa coragem é mais sólida que elegante, é mais instrumento que arma – instrumento que tanto serviu! Oh! Sem dúvida, há Bouvines, há Fontenoy, há Valmy. Mas esses são episódios, são belas figuras de livro, flores nos campos, e flores nos campos não é o que conta; não são as centáureas ou as papoulas que dão o grão! Em lugar disso, com sua simples coragem, seu instrumento, instrumento feito com suas próprias mãos, nosso povo triunfou em todas as provas, ou, melhor dizendo, usou-as. Usou a Guerra dos Cem Anos, usou a heresia de Lutero, usou o fanatismo espanhol, a monarquia clerical sangrenta que substituía a Cruz pelo Patíbulo, e usará amanhã nossa desonra. Não apenas a vingará, mas a usará. Usará os responsáveis pela vergonha, usará também a vergonha, e usará o tempo que for necessário, dia após dia, pois nunca volta à tarefa já realizada, e indaga-se, ingenuamente, todas as noites, como poderá completar a tarefa de amanhã. "Oh! Mãe, seria esse o fim?", dizia à sua priora a pequena Santa Teresa de Lisieux, em agonia. "Como farei para morrer? Nunca saberei morrer!" É com tais palavras, e não com as palavras dos heróis de Plutarco, que ferverão sempre, de era em era, os estandartes da Pátria.

*

Quem não o entende nunca entenderá nada de nós. "Que tem a ver, dir-se-á, esta pequena carmelita com os estandartes franceses?" Ora! Meu Deus, que têm a ver as três flores-de-lis inocentes de seu brasão de lírios com a mais antiga nação militar da Europa? Quem saberia dizer por que os romanos nos importunam? Por que nos parecem espessos e palermas os gigantes peludos que fazem bater o coração dos rapazes da Germânia? Os primeiros sempre parecem posar para o estatuário, e se de fato são semideuses, por que não nos deixam em paz em nosso país? Eles desprezam a vida, e nós a amamos tanto, consideramo-la tão bela e terna! Como ousam deixá-la com esse ar inacessível, como se ela lhes fosse estrangeira? E quanto aos segundos, por que reviram esses olhos ferozes, por que bebem cerveja em um crânio, por que desprezam a morte, o que nos parece ainda mais grosseiro que desprezar a vida? Se têm tanto ódio pelo inimigo a ponto de se desalterarem em seu crânio, que mérito têm em persegui-los com intenções hostis, uma vez que estão ébrios? Morrer ébrio é a pior desgraça que pode acontecer a um homem. Ninguém que tenha feito suas provas passando pelo limiar sagrado ou que o tenha ultrapassado com decência tranquila poderia aspirar ao nome de herói. E se isso não lhe for possível, mais vale que chore francamente, como homem, em vez de mugir e espumar de raiva como animal, pois a vida vale que choremos por ela. "Como farei para morrer? Nunca saberei morrer!" Assim devia pensar Joana d'Arc na manhã do dia 30 de maio de 1429. O que nos alegra a alma nesta fala de criança é precisamente o fato de ela não desafiar a morte, mas, ao contrário, acolhê-la com escrúpulos de cortesia, uma espécie de timidez discreta, de medo de desagradar-lhe. A esse sinal, reconhecemos o cumprimento, o acabamento, a perfeição de um heroísmo do qual temos mais ou menos consciência de ser, neste mundo, os servidores e as testemunhas. Que importa que seja uma palavra de criança? É com essas palavras que se levantam nossos homens.

Um grande escritor francês, infelizmente oriundo de baixa raça barbaresca ou levantina, Charles Maurras, indignava-se, em certa época, porque os jovens franceses que exibiam com prazer o orgulho das vitórias tinham uma espécie de preferência sentimental pelas derrotas heroicas, em que tudo se perdeu, exceto a honra. Maurras julgava monstruoso esse gosto, não pelo amor à lógica, como provavelmente imaginava, mas pelo efeito do sangue que nele opera e pelo que, em nome da vitória, faz com que subam ao cérebro imagens de pilhagens, de razias, e de meninas encarceradas e expostas nuas nos bazares. Os jovens franceses não preferem as derrotas às vitórias, mas não se enganam quando pensam que um herói nunca é tão grande quanto pode ser na infelicidade, e que a guerra não seria senão um matadouro repugnante se, por vezes, não elevasse o homem acima de si mesmo, até o martírio. Nossa única epopeia popular, *A Canção de Rolando*, é a história de uma derrota; é a história de uma criança vencida que, ao morrer, tinha a face voltada para o inimigo, uma mão levantada para os anjos e outra que buscava humildemente a mão de seu amigo que dez séculos antes batia no coração dos meninos e meninas de minha raça. Essa é a escolha infalível da honra francesa.

*

Oh, vocês que me ouvem, falo-lhes do fundo de um duplo exílio. A imensa extensão de mar que me separa do meu país sempre poderá ser atravessada; o obstáculo intransponível é a lembrança da Afronta. É verdade que eu não conseguiria escrever hoje, sem ruborizar-me, o nome de nenhuma das derrotas de nossa história, pois a que pesa sobre nós é a única em que tudo foi perdido. Mas o depoimento que carrego valeria mais por ter sido feito em presença, como que sob os olhos da Afronta? Não faço da honra um deus, não espero que esse deus seja francês. A honra é um velho companheiro do homem e, se outrora foi um anjo, ninguém sabe, pois, depois de ter partilhado tanto tempo de nossa pobre vida, acabou por assemelhar-se a nós, tornou-se pecador, como nós. Contudo, se virou pecador, pode, portanto, ser remido. A honra francesa é uma honra cristã, nossa honra é uma honra batizada. Ela já não lembra que, passados tantos séculos, foi um ídolo cruel, manchado de sangue. É bem verdade que ela não é irrepreensível, e tem em sua consciência muitas cidades devastadas, mulheres violentadas, adegas esvaziadas, e poderia dizer como disse La Hire a seu confessor: "Fiz tudo o que fazem as pessoas na guerra", e por todas essas faltas os escribas e fariseus, devotos confortáveis, consideram-na de bom grado como a um condenado. Contudo, por mais que, por vezes, o espírito de violência a tenha conduzido, guardou a lembrança de seu batismo, a nostalgia da água de purificação, da túnica branca e das palavras de perdão. Há nela mais humildade que em muitas paroquianas opulentas que na igreja se sentam no banco da frente. Qual! Quem nunca ouviu falar de honra humilde?, dirão vocês. A honra o é por sua origem, tão humilde quanto ela, pois ela não foi um presente dos reis, mas saiu das entranhas de nosso povo, com a própria cavalaria, e floresceu na simples coragem do povo, tal qual uma rosa escarlate em um velho tronco de roseira-brava. Existem heróis, por exemplo. Que poderiam dizer os moralistas, teólogos ou os professores de psicologia de nossa honra? São nossos heróis que respondem por ela. E nossos heróis não eram nem gigantes, nem super-homens, nem juízes de Israel. Eram homens muito humanos, tão humanos que parecem estar sempre a nosso alcance, ao alcance da mão, com os quais podemos falar como falamos com os amigos. Não se consideravam nem heróis, nem santos, ainda que, frequentemente, fossem as duas coisas. Os maiores ainda se aproximam de nós só com sua bela coroa em mãos, com seus hábitos de todos os dias, como se temessem intimidar os menininhos franceses. Pois, ainda que não conhecêssemos a palavra de honra, ou ao menos sua ortografia, já haviam entrado em nossa infância, e nunca saíram dela, uma vez que foram feitos para ela. Vimos São Luís na praia de Damiette, com a espada erguida, ao encontro dos sarracenos, mas também o vimos morrer, deitado na cinza, pela remissão de seus pecados. Sabemos que nunca virou as costas a nenhum homem vivo, mas sabemos também que por penitência misturava água com vinho – água com vinho! – e que se preocupava com sua doce mulherzinha, diante da Branca de Castela, a qual foi, ao que parece, uma mãe pouco fácil. Vimos Joana d'Arc atacar as torres de artilharia, nós a vimos como vocês a viram outrora, velho Senhor de Gamaches, rolando na terra do alto dos muros do reduto militar, com uma flecha atravessada no peito, levando dez inimigos à queda retumbante, a esmo, enquanto vocês se lançavam adiante, como um velho javali, segurando o machado com as duas mãos! Mas nós a vimos como vocês a viram, vocês, os outros, os ingleses, entre os bispos e os universitários do tribunal de Rouen; vimos aquelas pobres bochechas escavadas pela febre, vimos o suor burilar sua pequena fronte teimosa, o tremor de sua boca, quando, no ar sufocante da sala de audiências, perseguida havia tantos dias, ela se recusou bruscamente a encarar, devolveu a palavra e o sermão, oh, fina flor da cavalaria! "Vocês nunca terão a maldade de fazer o que me dizem sem que a infelicidade lhes caia sobre o corpo ou a alma!" Oh, grito de aflição, caro grito de criança cujo rastro no ar gostaríamos de beijar, grito inocente ao qual responderá para sempre, até o fim dos séculos, o latido furioso dos canhões franceses! Quem poderia duvidar de nossa honra, enquanto, em algum momento, a própria flor-de-lis viva da auriflama real duvidou de si mesma, a espada brilhante da França, a Santa da Pátria?

*

Sim, ingleses, vocês nos veem hoje como a viram outrora. Renegamos nossas vozes. "Deus enviou-me por Santa Catarina e Santa Margarida a enorme piedade que tem dessa traição à qual consenti quando fiz a abjuração e a retratação para salvar minha vida; ele diz que eu me danava para salvar minha vida [...] Se eu dissesse que Deus não me enviou, danar-me-ia, pois, verdadeiramente, Deus me enviou. Minhas vozes disseram-me que eu cometera um grave erro ao admitir que agi mal. Tudo o que disse, disse-o por temor do fogo [...]" É verdade que renegamos nossas vozes. É verdade que nos renegamos. Mas aquela que, ao fim de interrogatórios cansativos, vacilante, extenuada, devolvia sua palavra, ou a deixava arrancar de suas pequenas mãos, era a mesma que, algumas semanas antes, recusava a João de Luxemburgo pôr-se em resgate. "Em nome de Deus, vocês zombam de mim! Sei que os ingleses me farão morrer, crendo que, depois de minha morte, ganharão o reino da França. Mas mesmo que fossem cem mil *godons*[1] a mais, não conquistarão." Renegamos nossas vozes e podem crer que, como a própria Joana d'Arc creu, foi por temor ao fogo. Mas ela não temeu nem o fogo nem nenhum perigo neste mundo, por tanto tempo

[1] Nome pejorativo atribuído aos ingleses, deformação da blasfêmia "*God damn*". (N. T.)

que nem os doutores nem os casuístas conseguiram turvar sua consciência. Foi a dúvida, e não o fogo, que a venceu. Nenhum golpe vindo do inimigo a abalou, mas ela se curvou diante desses "reverendos pais em Deus". Ora! Ingleses, o sortilégio de nosso povo assemelha-se ao seu. Turvaram a consciência de nosso povo, traíram sua consciência, e os que a traíram foram precisamente aqueles que pretendiam ser seus guias. É verdade que esse povo se renegou, mas seus próprios guias o fizeram anteriormente.

Gostaria de fazer um depoimento em seu nome. Não tenho a honra de pertencer a ele, ao menos não no sentido que os políticos demagogos dão a esta palavra, e é por isso que a conheço melhor que a própria palavra. Meus sentimentos a seu respeito não são, de forma alguma, os de certa fração da burguesia que, ao mesmo tempo, o explora ou dele se apieda. Esse nome de burguesia não se impõe a mim de forma alguma, pois não representa mais para nós além de um espírito, quer dizer, um pequeno número de preconceitos ou hábitos, às vezes respeitáveis, mas sem nenhuma ligação profunda com nossa tradição ou com nosso passado. Conheceu-se outrora uma burguesia francesa, o Terceiro Estado que definia a si mesmo, há cinquenta anos, pela palavra de Syéyès: "Que é o Terceiro Estado? Nada. Que deve ser? Tudo". A burguesia, com efeito, foi tudo. Ela destruiu nossa monarquia, quebrou o ambiente de uma sociedade milenar, absorveu ou corrompeu a pequena nobreza camponesa e militar cuja pobreza desdenhava, sem prever que ela carregava assim um golpe fatal, não para com algumas bravas gentes inofensivas que invejava, mas para com a tradição militar e camponesa que fez a grandeza de nossa nação. Apoderou-se de nosso antigo domínio, hipotecou-o para além de seu valor, a fim de transformá-lo segundo seu gosto e, em seguida, pereceu de sua própria vitória. A atual burguesia francesa não é mais que uma encruzilhada em que se encontram todos os dissidentes do proletariado, que desdenham a classe da qual saíram.

*

Ela despreza o povo, mas teme-o. Reprimo-a menos por desprezá-lo que por temê-lo, pois o povo não suporta ser tratado como inimigo da nação. A grande infelicidade da atual burguesia é ser rica e poderosa demais para servir, muito malnascida para elevar-se à concepção de um serviço desinteressado, de um serviço pelo qual não se paga. A todos os valores preciosos que pretende defender, ela lhe dá ingenuamente o pronome possessivo, ela diz MINHA Ordem, MINHA Propriedade, MINHA Justiça. Que se assuma contra ela a defesa do povo é algo que lhe parece uma traição contra a pátria. Quem defende o povo degrada-se ao lisonjeá-lo, quem a lisonjeia honra-se ao defendê-la. Porque escrevo assim, e os intelectuais, à custa do povo, quererão me convencer de que sou demagogo. Sou um homem da Antiga França, ou seja, da França, pois mil anos de história não poderiam ser apagados por 150 anos de apalpadelas infelizes: a Antiga França está toda na França de hoje, e quem quer vê-la ali poderá vê-la. Eu a vejo. Não coloco o povo em patamar muito alto ou muito baixo. O sentimento que me anima diante dele é o dos deveres que me impõem alguns privilégios que possuo para com ele. Por menores que sejam, reconhecer-me-ia como indigno se hesitasse em colocá-los a serviço dos que não gozam deles comigo. E, a propósito, de que vale falar de privilégios? "*Não há privilégios, há apenas serviços.*" Tal era o princípio fundamental da monarquia popular francesa à qual permaneço ligado.

Sei tão bem quanto quaisquer outros quais são os erros e faltas de nosso povo, mas nenhuma consideração, de ninguém, de classe ou de partido, me impedirá de escrever que o povo não é o primeiro responsável pelo desastre do meu país. Nada me impedirá de denunciar a ruptura fatal que se fez entre ele e as elites francesas depois de 1918, nem de afirmar que o crime dessa ruptura não lhe deve ser imputado. Acuso as elites francesas de tê-lo traído, fazendo-o duvidar de si mesmo e daquilo que amava. Não quero sugerir que essa traição sempre tenha sido consciente. Quero dizer que as elites francesas, para justificar sua incapacidade de cumprir as promessas feitas no tempo da guerra, de organizar a paz, de consentir, em vista dessa grande tarefa, os sacrifícios necessários, tomaram, desde 1925, em vista do resto da nação, essa atitude perpétua de censura, de derrotismo dissimulado, para não dizer desprezo cínico. O povo da França acreditou lutar pelo Direito, pela Justiça, pela Paz Universal, e as mesmas pessoas que ele julgava tão superiores a ele pela educação, pela cultura, riam na cara dele, tratavam essas grandes palavras de "balela". Porque nada souberam tirar da guerra, proclamavam que a guerra é um engano, e o povo se perguntava, tristemente, por que esses senhores outrora tanto o encorajaram a fazê-la. O povo pensava lutar pela democracia, e a elite intelectual peneirava com sarcasmos essa antiga novidade já fora de moda. A elite intelectual consumida pela incompetência e pelo orgulho já não tinha humanidade o suficiente para entender, ou apenas para procurar entender, o que o povo exprimia ingenuamente por essa palavra, e que as ilusões de um grande povo são uma coisa preciosa e frágil, que não se pode carregar uma faca sem correr o risco de cortar com tais ilusões a própria raiz de sua esperança. Em seu egoísmo cego, esses miseráveis torturaram a consciência de nosso povo, esmagando-o ironicamente com perguntas às quais ele não podia responder. Incapaz de se reconhecer nessas definições sutis e contraditórias, o povo rejeitou tudo de uma vez. Sua cólera não se voltou contra aqueles que não lhe trouxeram nem o Direito, nem a Justiça, nem a Paz Universal, que imediatamente passaram a ser considerados utopias ridículas. A ideia que inspirou a Liga das Nações era feliz e bela, absolutamente conforme às tradições de nossa antiga cristandade. Os que quiseram realizá-la – quiseram de fato? – eram incompetentes. O povo, contudo, não zombou deles, mas da própria ideia. A conspiração abjeta contra a alma do meu país, contra sua fé, sua esperança – dir-se-ia, sua inocência e pureza – acaba de se marcar de maneira surpreendente pela substituição solene do novo lema "Trabalho, Família, Pátria" pela antiga sentença "Liberdade, Igualdade, Fraternidade", como se uma contradissesse a outra.

Quando os juízes de Joana d'Arc decidiram perdê-la sem possibilidade de tê-la de volta, queriam que ela mesma lhes fornecesse o pretexto. Fizeram-na jurar não mais usar roupa de homem. Durante a noite, tomaram-lhe sua roupa de mulher, obrigando-a assim a tomar de volta sua roupa de homem. Em seguida, acusaram-na de perjúrio. Aconteceu algo semelhante ao povo francês. Roubaram-lhe as ilusões, as esperanças, a humilde devoção humanitária que apoiaram ao longo do último século; uma ideologia, sem dúvida, cheia de erros, mas que o uso prolongado tornaria quase inofensiva, que teria acabado por acordar-se, custasse o que custasse, com sua tradição milenar e, quando despojado do que mais lhe aquecia o coração e tremendo de frio colocou sobre seus ombros o uniforme da Frente Popular, os fariseus berraram até a abominação, até o escândalo. Fingiram considerar como um bolchevique perigoso esse povo que, no entanto, de 1914 a 1918, dera a medida de sua prodigiosa disciplina, de seu desinteresse heroico. Para impunemente quebrar a união nacional em benefício dos Senhores Mussolini e Hitler, acusaram o povo de tê-la rompido anteriormente.

*

Passaram-se já dez anos desde que denunciei essa renúncia das elites francesas. Chamo-a de traição, pois até o último dia, até o dia em que tudo foi entregue, elas continuaram a falar a linguagem da honra, e agora dão à infâmia a linguagem da moderação, da sabedoria, da prudência, como se a infâmia não fosse o risco supremo, a única imprudência irreparável. Os elitistas diziam-se conservadores, e de fato são; são mais que nunca, "conservam-se" hoje pelo inimigo, para ele conservam um império, para que esse possa comê-lo mais tarde, à vontade, em paz. E, no entanto, de todas as suas traições, essa não é a pior. Acuso-os ainda de se colocarem a serviço do inimigo até os princípios de uma restauração espiritual para a qual foram muito inábeis ou covardes para realmente empreender, no tempo em que isso era possível. Dão ao nosso povo o escândalo de pretender restaurar a Honra. Dizem-se doutores em moral cristã, e preconizam a contrição sem firme propósito, a absolvição sem restituição ou reparo. Veneram a Letra e traem o Espírito. A partir deste momento, que me importam os nomes que se dão, e que esses nomes sejam os que eu mesmo me sinto honrado de carregar? Sei que a salvação não virá deles. Se tivessem triunfado no século XV, eu seria inglês; se no século XVI, espanhol; e, se triunfassem hoje, tornar-me-ia alemão. Quando, no dia 23 de fevereiro de 1429, a pequena Joana fez com Jean de Metz e Bertrand de Poulengy sua primeira etapa rumo a Chinon, as elites francesas também se tinham aliado ao inimigo, à Nova Ordem, à Nova Europa, ao "Lebensraum" da Inglaterra da Dinastia Plantageneta. Para qualquer bacharel em teologia, esse não foi senão um jogo para demonstrar-lhe, em silogismos irrepreensíveis, que o interesse de Deus, da Igreja, da gente honesta, dos bons princípios, era que se submetesse ao vencedor. Mas, graças aos céus, nem Joana nem nosso povo sabiam o suficiente para discutir com os casuístas. É por isso que os Santos e Santas da Pátria acabam sempre por falar-lhes ao ouvido, um dia, no silêncio do coração.

Março de 1941

Não me custa escrever-lhes mais uma vez, ingleses, pois esta carta, como a que a precede, é apenas uma mensagem perdida, lançada a um futuro que não conhecerei, lançada ao futuro como ao vento e ao mar. Pois, se eu acreditasse que poderia ser ouvido por vocês hoje, ingleses, ingleses vivos, certamente não me daria ao ridículo de pretender me corresponder com um povo, não daria este trabalho inútil ao leitor! Mas virá um dia, bem sei, virá um dia em que qualquer menino de sua raça, que sem dúvida ainda não nasceu, encontrará, por acaso, estas páginas mortas, e seu olhar lhes trará vida novamente, pois terão tocado seu coração.

Ingleses! Ingleses! Pecamos todos contra a infância, fizemos um mundo ganancioso e feroz, seco e frio, em que o gênio da infância não pode dar flor ou fruto, um mundo em que a infância é estéril, e a velhice monstruosamente ativa e fecunda. Ingleses! Ingleses! Não riam de nossa desgraça: para ser mais indigna ou vergonhosa, corre o risco de se tornar, um dia, a desgraça de toda a humanidade, o castigo universal por um erro comum. Não somos um povo hipócrita, não sabemos esconder nossas misérias. Eles todos traíram a infância, mas a exploram, exploram seu sinal sagrado, dizem-se jovens, falam em nome da juventude. Quem ousaria agora olhar nos olhos da infância alemã, esse anão cruel? Que fez Mussolini da infância italiana? E, quanto à infância espanhola, eis que há já seis anos lambe sangue fresco em um pires, como um cão. A infância espanhola teve Torquemada como ama de leite e, ao nascer, sugou suas tetas negras. Sim, eles todos traíram a infância, mas pelo menos nós a negamos publicamente; a França deu-se publicamente ao ancião, à velhice, ao espírito da velhice; a mais jovem, a mais risonha nação do mundo jogou-se à velhice por desespero, como se não se julgasse digna de outro tipo de morte. O Ancião pensa ser seu mestre, e a história dirá que ele foi enganado por esta nação, que é prisioneiro de sua jovem presa. Ela o fez encarnar a vergonha que, no momento da maior angústia, não ousou assumir. Colocou toda a sua vergonha nesse ancião, como se derrama óleo em bolsa de couro, e, quando chegar o dia, ao primeiro momento decisivo favorável de seu destino, fará com que caiam no esquecimento, ao mesmo tempo, o Ancião e a Vergonha.

*

Ingleses, estas palavras não devem surpreendê-los. Vocês não veem no Senhor Marechal Pétain senão um velho senhor de quase noventa anos, e têm pelos velhos senhores que batem o recorde da idade a mesma admiração familiar que por qualquer campeão, com esse enternecimento respeitoso, quase filial, que lhes inspiram também os velhos albergues e as velhas árvores. Mas não se precipitem em julgar nossos anciões acima dos seus! Não há outro remédio para um francês senão permanecer jovem por toda a vida. Aqueles que envelhecem entre nós envelhecem mal, pois envelhecem rápido demais. Envelhecem, entram na velhice, e vangloriam-se de ser velhos em uma idade em que os seus não trabalham ainda, senão por conveniência ou obrigação, e encontram o escapismo do trabalho no jogo, assim como, outrora, pulavam as carteiras da classe para chegar mais rápido ao campo de futebol ou críquete. Nossa raça envelhece mal justamente porque Deus a marcou com o sinal da juventude, porque não pode envelhecer sem se renegar, porque envelhece como se renuncia a uma religião que considera falsa. Apresentamos ao mundo as formas mais medíocres, mais dissimuladas, mais virulentas da velhice, porque, para nós, esta é antes uma disposição do espírito, um consentimento, um cálculo, uma disciplina voluntária, uma espécie de horrível ascese. A velhice, para nós, é uma carreira que se inicia o mais cedo possível, um sistema, uma religião. Já lhes disse que a classe média francesa formou, em dois séculos, um tipo de homem muito diferente do tipo nacional, mas vocês certamente não acreditaram em mim, e ainda hoje não acreditam. Vocês pensam que nossa burguesia, a exemplo da sua, é legitimamente oriunda da antiga, enquanto ela, na verdade, a devorou, como devorou todas as instituições da monarquia. E mesmo que eu pudesse provar o que exponho, não seria mais convincente; vocês me dirão que essas são velhas querelas que já não interessam a ninguém, que, em dois séculos, qualquer que fosse sua origem, nossa classe média teve todo o tempo para incorporar-se à nação. Com efeito, incorporou-se a ela, mas observem que isso lhes diz mais respeito ainda, ingleses! Dois séculos não foram suficientes para que nossa burguesia constituísse para si uma tradição, para que impusesse ao resto dos franceses uma nova concepção da vida francesa adaptada a seus interesses, a seu prestígio. E eu digo que isso lhes diz ainda mais respeito, ingleses, pois é em nome dessa moral particular que se justificou o armistício e que se justificará, amanhã, a renúncia da França.

*

Que esses propósitos os escandalizem ou não, não tem nenhuma importância a meus olhos. Seu povo se escandaliza com muitas coisas, e é por isso que evita nomeá-las. O meu povo nomeia as coisas que o escandalizam e, assim que lhes dá um nome, não as teme mais, pois tais coisas perdem a força que têm para prejudicá-lo. Digo que, se houver um escândalo para o homem de minha raça, esse é o de não entender. Enquanto vocês não forem lealmente forçados a compreender o desastre do meu país, permanecerão na injustiça, e se acreditarem estar quites com a mais antiga nação da Europa quando desviam pudicamente os olhos de sua desgraça como se desvia os olhos de um espetáculo vergonhoso, "impróprio", cometerão uma injustiça ainda mais forte que, cedo ou tarde, será expiada. Oh! Ingleses! Ingleses! Estivemos juntos em Munique! Nós decepcionamos vocês, mas, dois anos antes, juntos decepcionamos o mundo. Traímos vocês, mas já tínhamos ambos traído juntos em Genebra, em Xangai, em Barcelona, em Praga e em Tirana. O mundo estava repleto de nossas palavras de honra, jogadas ao refugo antes de servirem. A história que escrevemos juntos desde o armistício de 1918, com o sangue de 5 milhões de homens, não é história que criança pode ler; ela correria o risco, se as crianças compreendessem bem seu sentido, de esgotar-lhes a fonte da felicidade, de quebrar o impulso de uma vida que mal está começando. É uma história realista, ingleses, quero dizer, uma história de homens maduros, e mesmo tão maduros que chegam a desmanchar ao toque dos dedos, como peras sorvadas. Oh! Imagino bem, vocês me dirão que essa história não desencorajou seus meninos heroicos, que não os desencorajou a morrer. Ela não desencorajou os nossos a morrer, mas os desencorajou a viver: não é a mesma coisa. Ela os fez ficar desgostosos de si mesmos, e que inglês nunca se sentiu desgostoso de si mesmo, desde que Deus criou esta espécie de gente? Nada pode fazer com que vocês se sintam desinteressados, porque tudo os distrai desde a infância: os jogos, os animais, a natureza, uma moral simples e prática feita para estar a serviço de imediato, tanto quanto o cabo do taco de golfe está a serviço da mão. Para estar em harmonia consigo mesmos, basta que vocês e sua consciência frequentem o mesmo clube, leiam os mesmos jornais, bebam o mesmo chá, pratiquem os mesmos esportes e se atenham aos mesmos assuntos, severamente escolhidos para não dar espaço a nenhuma controvérsia, pois, de forma alguma, vocês esperam convencer-se um ao outro. Que lhes importa Munique? Que lhes importam os "homens culpados" que, precisamente, um livro acaba de denunciar? Os erros e crimes deles não lhes dizem respeito, e vocês não olharão mais para eles. Em um Império em que tudo deve permanecer em ordem, custe o que custar, não há lugar para arrependimentos ou remorsos, é preciso que as estradas imperiais estejam limpas. Oh, ingleses! Não mantemos relações tão corteses com nossa consciência, não dormimos em quartos separados para nos rever tão somente na hora do *lunch* ou do *breakfast* diante de uma mesa impecável. Formamos, nós e nossa consciência, um casal em que tudo é comum, o melhor e o pior, um casal insuportável aos vizinhos, cheio de crises, de censuras, de risos, de lamentos, em uma desordem prodigiosa que encharca os corações ou os parte, pois não é uma desordem como as outras: é a desordem do amor. Ai! Temo que tais propósitos não nos elevem de forma alguma a seus olhos, pois, para vocês, nada é mais elevado que aquilo a que chamam a arte de bem viver, e é verdade que não sabemos viver, nunca tivemos tempo para aprender a viver, mas é com a vida, ao contrário, que aprendemos dia após dia, com uma espécie de júbilo ardente e dilacerante, do qual nos aliviamos pelo riso, pois rimos outrora como nenhum povo jamais riu, e ninguém conhecia o segredo desse riso. Nosso riso era um grito de liberdade, nosso riso era um grito de fé no homem, e a humanidade fez bem ao tapar os ouvidos a esse grito, pois, se um dia tivesse explodido livremente, teria ressoado mais alto que todas as Marselhesas... Mas de que vale falar de nosso riso em um mundo tão limitado, tão duro, tão compacto, um mundo de ferro atado com ouro em cada junção, e de quem o próprio Deus não poderá rir antes que os tempos sejam cumpridos – *ridebit in die novissimo?*

*

Ingleses! Ingleses! Somos responsáveis por este mundo que fizemos. Éramos os dois povos mais ricos e mais poderosos da Europa, éramos as mais ilustres cristandades. Tínhamos todos os nossos heróis, nossos santos, nossos mártires por centenas de catedrais aqui e acolá, de joelhos, de braços levantados, mãos unidas, tão puras que sua sombra santificava a terra. Desde o século XIII, podíamos levar justiça e paz ao povo. Por que nos desperdiçamos em lutas fratricidas? No tempo em que a Itália simoníaca fazia da Cidade Santa uma caverna de ladrões, uma cisterna de luxúria, completamente apodrecida sob seus ouros e brocados, vocês renegaram a Igreja em vez de nos ajudar a salvá-la. Vocês caminharam de mãos dadas com o primeiro Hitler, associaram-se a ele, sem mesmo ter a desculpa de dividi-lo, com esse grande desespero estéril, com esse imenso orgulho condenado a duvidar eternamente de si, e que, de século em século, faz da fatal Germânia, ao mesmo tempo, mártir e algoz do gênero humano. Ao mesmo passo, oh ingleses, sua deserção quase subjugou a Igreja a outra espécie de monstro, a ditadura clerical espanhola, a Terra Negra, toda a crueldade e toda a tristeza do Inferno, o ódio do homem oferecido em homenagem ao Deus feito Homem, o sangue do pecador substituído pelo sangue do Cordeiro que o redime no cálice inefável, o Cristo posto sob o jugo da antiga Lei. Ao longo de três séculos, a política de nossos dois países nunca mais se inspirou em uma ideia comum; deixamos que a frente da cristandade se rompesse, perdemos o sentido da unidade europeia, cujos fundamentos foram assegurados pelo gênio do século XIII, que perseguiu a quimera de um equilíbrio empírico, na esperança de serem os únicos beneficiados por sua instabilidade. Deixamos que a frente cristã se rompesse, e os ódios religiosos, o orgulho e a ganância das igrejas inimigas, o fanatismo dos devotos levavam ao seu mais alto grau de maleficência as combinações do maquiavelismo político emprestado dos gângsteres do Renascimento italiano. Entramos em suas revoluções, vocês entraram nas nossas; não existe sequer uma ferida profunda de nossos países sobre a qual não tenhamos sorrateiramente derramado óleo quente e chumbo derretido. Mas de que vale falar deste passado distante? Ele não é mais reconhecível no presente, ainda que se encontre nele, infelizmente! Encontra-se nele até a última parcela, pois nada se perde de nossos erros.

*

Gostaria de falar de um evento bem mais próximo de nós. E como falarei dele? Ignoro como falarei disso. Oh, ingleses! Deus sabe que eu não gostaria nem um pouco de falar-lhes hoje de nossa antiga vitória; mal ouso escrever seu nome, mas qual! Esse nome é de todos, serviu a todo o mundo, nossa vitória não tem mais nome – que importa? Talvez, outrora, lhe tenhamos dado uma unidade, apenas temo que não seja a verdadeira unidade, aquela que, no coração, os mortos agora esquecidos escolheram... E eis que, repentinamente, percebo qualquer coisa, ingleses. Todos os nossos cemitérios militares estão nas mãos do inimigo, nunca tinha pensado nisso até agora; não temos, então, 2 milhões de prisioneiros, mas 4 milhões, e isso não tem graça... Eu não me permitiria falar-lhes de nossa antiga vitória, ingleses, se, embora a tenhamos ganhado juntos, acreditasse que tal vitória nos fosse realmente comum; mas eis algo em que nunca acreditei. Oh! Sem dúvida, pagamos o mesmo preço, sangue e lágrimas. Mas pergunto-me se a vitória já teve o mesmo significado para a nossa consciência. Vocês sabem hoje o que é uma guerra pelo solo, pelo lar, pela casa. Essa guerra é a guerra de vocês. Fingimos dividir a outra com vocês, oh, nossos velhos companheiros e, entretanto, no fundo, estávamos certos de que não era nossa, nossa guerra, a guerra dos moços franceses contra os militares profissionais, as gentes de ofício que pensam ser mais descaradas que os outros, ora, a gente pedante! Tipos que queriam fazer a guerra sob nossa influência, eles só podiam estar brincando! Eles verão o que é um homem, pelo amor de Deus!... Entendam-me, falo aqui em nome deles, peço perdão por falar em sua linguagem, como se tivesse esse direito, como se tivesse o coração tão simples assim – mas, pelo menos, servi com eles, na mesma fileira, na última fileira; deram-me a honra de viver e morrer a meu lado – e não sob minha ordem –, trataram-me de igual para igual, bebemos na mesma caneca – oh!, eu gostava tanto deles! Com seus uniformes abastados, suas armaduras resplandecentes, suas curiosas bolsas tão esportivas e seus cigarros de mocinha, essa gente os considerava filhinhos de papai, *mylords*, os rapazes do castelo que vêm gentilmente dar uma mão no dia da colheita; e se vocês aqueciam bem suas prostitutas, eles ficavam bastante orgulhosos. Meu Deus, tenho medo que julguem tudo isso muito vulgar, vocês não ouviram, como eu, na estrada de Péronne, essa manobra de Aubervilliers com a pele lívida, o peito oco, negro de visco e pó, o ombro destruído pelo tripé da metralhadora a falar com voz rouca, à vista de seus belos escoceses estendidos na grama: "Não é infeliz enviar esses vadios ao campo de morte?", cuspindo um grande coágulo de sangue fresco. E, como eu os observava, acrescentou logo, para me tranquilizar: "Não se preocupe! Tem de sair da garganta, a massa é sólida". Era a primeira vez que o via, e nunca mais tornei a vê-lo.

*

Sim, essa guerra era a guerra deles, não me tomem por demagogo. Sei bem o que vocês fizeram com todas as palavras cuja raiz grega é *demos*. Como se diz em nosso país, o que vem fácil vai fácil, e é justo, no fim das contas, que depois de terem sido inventadas pelos pedantes, essas palavras só tivessem servido aos mentirosos. Mas é precisamente por não ser nem democrata nem demagogo que tenho o direito de falar de modo honroso do povo do meu país. Não duvido que um patriota americano, por exemplo, possa amar seu povo tanto quanto amo o meu, mas esse povo, para ele, é sem mistério. Por mais que se tenha orgulho da ponte do Brooklyn, não se poderia ter por tal obra de arte técnica o mesmo sentimento que me inspira a Catedral de Chartres. O povo francês, para mim, não é apenas um conjunto de trabalhadores manuais de todas as origens, todas as raças, do qual a burguesia recruta seus eleitos. É isso, sem dúvida, mas é bem mais que isso. É a antiga França ainda viva diante dos meus olhos, é o instrumento sem preço, a preciosa matéria humana com a qual nossos reis, pouco a pouco, fizeram meu país, é a própria antiga França, digo-lhes, e até em seus erros honro-a como é, pois seus erros são, na realidade, os erros dos mestres indignos que pretendem utilizar-se dela. A única desculpa do cavaleiro cujo cavalo o joga ao chão é dizer que montou um cavalo renitente, e se o povo estava doente, como a monarquia escreveu com ele uma história tão magnífica?

Essa guerra era a guerra dela. Por necessidade de propaganda, os homens de letras inventaram a fórmula do "militarismo prussiano", que a adotou, na falta de coisa melhor, embora lhe tivesse transfigurado o sentido. Essa guerra era a guerra deles. Que poderia dela pensar um operário de Birmingham ou de Manchester, um menor do País de Gales, um pescador de Yarmouth, um fazendeiro do condado de York? Imagino que nenhum deles pensava muita coisa sobre a guerra, a não ser que o Império estava ameaçado, as rotas marítimas em perigo, e mesmo que todo inglês fora gravemente atingido em seus interesses e sua dignidade de inglês. Certamente, pareceu-lhes preferível que a esquadra bastasse a essa tarefa, pois o princípio do alistamento é bastante chocante para as consciências. Mas, enfim, uma vez que se deve ir, que se vá, é para satisfazer aos caprichos de Sua Majestade. Essas são as razões de um povo opulento e certo da perpetuidade de suas instituições parlamentares, da solidez da libra esterlina e da bondade de Deus. Contudo, nosso povo, precisamente, não estava de forma alguma certo de suas instituições, nem de seus banqueiros, e menos ainda da bondade de Deus. Há cem anos ou mais, nosso povo se perguntava ansiosamente de que serviram suas revoluções lendárias, e se libertaram verdadeiramente o mundo, como afirmavam seus demagogos. Meu povo concordava de bom grado que os demagogos exageraram nesse ponto, pois meu povo não é tão facilmente vítima de seus louvores; por esse tipo de gente, meu povo tem a mesma cordialidade jovial absolutamente desprovida da estima que mostra, por exemplo, às putas. Que o mundo ainda não tenha sido libertado, estou de acordo! Mas que o povo francês recebeu a missão de atacar os tiranos por terra, disso também não duvidava: a história o escreve, a Marselhesa o canta; nesse ponto, ao menos, os demagogos não mentiram. Que infelicidade, ai!, que existam tiranos em toda parte, sem falar dos que voltam a surgir no mesmo lugar em que enterramos os demais. O burguês denuncia o nobre, o incrédulo denuncia o pároco, o pároco denuncia o incrédulo, e quando se faz o melhor possível, há sempre viúvas sem pão, crianças sem mãe e oficiais para vender os móveis do pobre mundo.

*

Oh! Sem dúvida, a injustiça está em toda parte, e nosso povo é um povo velho demais, um povo cheio de experiência; de bom grado, daria espaço à injustiça, como daria espaço à doença, à feiura, à morte. Ele apenas observou muito bem que, há muito tempo, existem injustiças supérfluas, desprovidas de sentido, injustiças que não servem a ninguém, nem mesmo aos que a cometem e, como pensa não mais acreditar no Diabo, está muito inclinado a pensar que se deve encontrar, em algum lugar no mundo, a oficina tenebrosa em que se conspira gratuitamente, por tolice ou malícia, contra a paz do gênero humano. Victor Hugo acusava os reis e os padres. Mas há bravos párocos nos subúrbios, há mesmo bons reis, bons tsares aos quais se vem aclamar em família na estação de Bois de Boulogne... Quem poderia lhes dar a ideia, a vocês, ingleses, de um povo abandonado há 150 anos, não às lutas dos partidos – pois nossos partidos não são organizados como os seus –, mas a esse caos de programas, de fórmulas, dessas reuniões precárias, instáveis, que favorecem todas as empresas de baixos intelectuais ambiciosos? Um grande número de impostores políticos, de hipócritas de direita, enfurecidos pela repulsão que inspiram não seus princípios – como gostariam que as pessoas acreditassem –, mas a própria pessoa deles, reivindicava então, como reivindica hoje, concluir a profunda desmoralização de nosso povo. Enquanto isso, se os exploradores de consciências pululam em nosso país, isso se deve precisamente ao fato de que a consciência francesa lhes fornece material são e substancial, pois os bons sentimentos têm melhor proveito que os maus sentimentos, e se a generosidade for, talvez, mais fácil de explorar que o egoísmo ou o ódio, é cem vezes mais produtiva. Os parasitas da justiça social prosperam tão somente graças às consciências magnânimas, e não tardaram a morrer nas consciências insensíveis ou apodrecidas. Em 1914, a França não era insensível ou apodrecida. Sentia-se enganada, eis tudo – enganada, mas não decepcionada –, enganada ou, melhor, traída, ou, para dizer ainda melhor, ridicularizada; ridicularizada em nome de seus próprios princípios, de sua sentença imortal, até da admiração que este mundo continua a ter-lhe por hábito, admiração que sentia ser fingida, cuja ironia percebia muito bem. Mas de onde vinha a traição? Onde estava o traidor? Quem desviava dela, sorrateiramente, o coração dos homens? E eis que, de repente, esse povo passa a saber, pelos jornais, na hora do aperitivo, que o imperador Guilherme acaba de lhe declarar guerra, em nome do Militarismo Prussiano, para acabar, de uma vez por todas, com a Revolução Francesa.

*

Essa guerra era a guerra deles. Mas nossa Paz não foi a Paz deles. Essa guerra foi a guerra deles e eles a fizeram como faziam todas as coisas, com a mesma aplicação maliciosa, a paixão pela obra acabada, sólida; acabada em seus mínimos detalhes, perfeita no que lhe é visível, e ainda mais – se possível – no que não lhe é visível ou no que não aparece senão aos olhos de outro homem da mesma profissão. Essa guerra era a deles, e fizeram-na com amor. Oh! Ingleses, aqui, sei bem que não serei compreendido! E amaram tanto a própria guerra e não imaginavam; eu nunca ousaria lhes dizer face a face, mas digo agora, entrego o segredo que não me confiaram, mas que transparecia neles, que iluminava sua humilde vida, sua agonia humilde, sua humilde morte. E, se vocês objetarem que os que sobreviveram lerão hoje estas linhas sem entendê-las, responderei que seu depoimento não é admissível, pois não são os mesmos homens, não sobreviveram à grandeza deles – e quem os ajudou a sobreviver? Ingleses, eles fizeram essa guerra com amor, eles a amavam. Oh! Imploro-lhes, não me façam chegar a dizer, como se escrevia então nos jornais, que eles recusaram sua permissão de convalescença para subir mais alto nas trincheiras;

eles pegavam sua permissão, e até a prolongavam, graças a falsificações complicadas – "discretamente". Amavam a guerra, ao mesmo tempo que a amaldiçoavam, assim como amavam, por instinto, qualquer trabalho que exigisse toda a destreza e toda a paciência de suas mãos, de seus braços; amavam-na como o tecelão ama a tela fina que consome seus olhos, como o vidraceiro ama o caule oco que lhe tira o ar, como o cavouqueiro ama o solo firme, elástico e que, a cada grande golpe, faz tremer o cabo da enxada. Essa guerra era a guerra deles, pois a julgavam perfeitamente lenta, porque desencorajava os amadores, porque era um trabalho operário, um trabalho de ajuste, na medida de suas capacidades. Eles lhe deram sua linguagem. Diziam "Nós duraremos! Nós os teremos!" – como se se tratasse de desemperrar uma tranca de ferro, de arrancar um cepo rebelde. Essa guerra era a guerra deles. Não que tenham entrado nela cheios de vontade, nem que tenham antecedido em uma hora o compromisso previsto pelos escritórios, mas, uma vez que a coisa se decidiu, pesaram cuidadosamente os prós e os contras, avaliaram as despesas, suputaram os riscos. Tudo isso estava em ordem em sua enorme cabeça, e estavam completamente despreocupados com o que os jornais de grande tiragem e os oradores poderiam dizer a respeito. Alguns meses antes, a maioria deles protestava contra a escravidão militar, os oficiais brutos, os armamentos e, perfeitamente capazes de se matar por nada, pelo prazer de incomodar um sargento-ajudante, de impressionar um amigo ou manter uma aposta feita em um bistrô, pensavam todos, ingenuamente, que não ligavam para a glória. Faziam a guerra pela guerra, eis como representavam a coisa para si, acertavam suas contas com a guerra, demonstravam que cidadãos conscientes, rapazes independentes, podem acabar com a guerra. E, lentamente, chegaram até a gostar dela, dessa guerra, pois a conquistaram dos militares, arrancaram-na das mãos militares. Mantinham sob si a bela moça ardente que, havia tantos séculos, servia aos prazeres dos déspotas; ela iria arranhar e morder, mas que importa?! Eles lhe fariam um filho, de qualquer forma, e se diria deles mais tarde –

pois não tinham esperança de sobreviver às bodas – que foram esses homens que engravidaram a guerra com uma vitória jamais vista, uma vitória antimilitar, uma espécie de vitória inocente, uma vitória concebida sem pecado.

Entendam que essas são as minhas imagens, só minhas, e que as encontrei para vocês, só para vocês. Quanto àqueles de quem falo, essas imagens lhes fariam sorrir: "Onde diabos você vai buscar tudo isso, disseram-me eles, é bem mais simples que isso!". Mas teriam ficado por ali, e esse "bem mais simples que isto", esse profundo segredo de seu coração honesto, eles não o conheciam, porque apenas a morte lhes revelaria. Que querem vocês, ingleses? Peço perdão por falar por tanto tempo do passado. Mas gostaria de fazê-los entender como tanta honra se perdeu, como se perdeu tanta honra. E se não bastar dizer que nossa paz decepcionou o mundo, trata-se de saber que tipo de homens ultrajou.

*

Ingleses, evidentemente, falo-lhes muito da última guerra, mas é que, na verdade, existe apenas uma para mim, e ela durou um quarto de século. Vocês, os outros, entraram em uma nova guerra quando decidiram manter-se sozinhos em sua ilha-fortaleza e sepultar-se em suas ruínas. Mas, nesse momento, infelizmente, estávamos fora do jogo. Ouçam-me bem, ingleses: sem a vitória popular e revolucionária de Marne, a derrota moral das elites francesas, que os encheu de estupor em 1940, foi consumida 28 anos mais cedo, depois do rei Charles, quando um governo bastante comparável ao que desmoronou em junho de 1940 acabava de partir, também ele, para Bordeaux, e preparava-se para declarar Paris como cidade aberta, contra a vontade de Gallieni. O chefe da burguesia francesa chamava-se, na época, Senhor Caillaux, e se parecia com um irmão do Senhor Paul Reynaud. Sim, o drama do armistício já tinha seus atores e seu público, e desenrolou-se até o fim, até a última cena, ou seja, até a capitulação do Marechal Pétain que, a propósito, não é a do Marechal Pétain, mas de uma categoria de franceses à qual pertence, e com a qual sonhou ser o chefe espiritual, da qual, a partir de agora, é o símbolo. Peço desculpas mais uma vez por chamar essa classe de franceses de burguesia. Não vejo, de forma alguma, essa palavra no sentido marxista. E tenho menos ainda a pretensão de atribuir a ela um valor geral, universal. Há, certamente, um espírito burguês comum a todas as burguesias do mundo, mas elas participam dele de forma desigual; não falarei, então, senão da nossa, ou ainda de uma parte da nossa – mais ou menos importante por seu número, que importa? –, mas que, há meio século, excluída do poder ou não o exercendo senão indiretamente pelos políticos que controla e que devem renegá-la publicamente, pois é execrada pela massa dos eleitores, não teve mais êxito ao impelir suas criaturas, pouco a pouco, aos melhores lugares, aos lugares de prestígio na administração, jornalismo, clero, academias, de onde pretende dirigir a consciência da classe média, das bravas gentes, dos homens da ordem, que a ameaça revolucionária amedronta. Não confundo essa parte da burguesia com a própria burguesia, digo que ela se tornou sua elite, que dirige sua consciência. Está claro? Se vocês não admitirem comigo tal evidência, será absolutamente impossível para vocês compreender o que quer que seja do armistício, das causas morais do armistício. Guardem bem o que lhes direi, ingleses: em 1914, assim como em 1940, os homens de que falo sacrificaram de bom grado a grandeza à segurança, inventaram uma França agrícola, pacífica e reacionária, em que puderam esperar viver, enfim, tranquilos, protegidos dos problemas sociais. "Ora!", objetarão vocês, "os mesmos homens que vimos, tão impiedosos com a Alemanha vencida?" Digam antes que eles buscavam sua segurança impiedosamente; esperavam então encontrá-la à custa da Alemanha, acreditam agora encontrá-la à custa da França, eis tudo. Em outra época, sacrificaram essa segurança pela Alemanha, pela Europa, pelo mundo, como sacrificam hoje a França, a honra e a grandeza da França. Não pensam fazer mal. Não entendem a grandeza como eu e vocês. Quando declaram que a felicidade está na mediocridade, não dão a essa máxima, de forma alguma, o mesmo sentido de ironia sorridente e infantil do fascinante Horácio; exprimem toda uma filosofia da vida, do Conforto. Pois um burguês francês raramente admitirá que é rico, mas dirá que "*tem conforto*" ou que "*está confortável*". Essas pessoas gostariam que a França também estivesse no conforto, que estivesse confortável, que desistisse da grandeza, das ideias de grandeza, porque essa palavra soa sempre como uma palavra revolucionária a seus ouvidos, uma promessa de revolução. Gostaria que a França se unisse a eles, que pudessem se dizer, verdadeiramente, "a França". E a França não o quer, eis sua infelicidade, a França nunca o quis. Há cinquenta anos, como dizem, a França votava na esquerda. Foram os mais esquerdistas que puderam ser. Mas a França votava ainda mais na esquerda. Não podiam convir que foi por ressentimento, por repugnância pessoal. Supunham que era por frivolidade, por descaso, por orgulho, que ela era feliz demais, realizada demais, que, segundo o preceito secular da educação burguesa, era necessário que ela "*comesse a vaca raivosa*", que a infelicidade lhe "*colocou juízo na cabeça*". Ela voltaria para eles, eles poderiam lhe falar a linguagem da razão, e a homilia que tinham preparado era a que vocês estão ouvindo agora. O Senhor Marechal Pétain não é senão o instrumento que a divide no microfone. A homilia estava pronta, e eles se entusiasmavam ao pronunciá-la. A guerra de 1914 se anunciava por eles, também ela como uma guerra de penitência, de expiação, análoga à de 1870, que deu, a propósito, em pouco tempo, o poder aos Conformistas, à Assembleia Nacional, aos proprietários agrícolas, ao Senhor Marechal de Mac-Mahon... E, de repente, sobre os anciões, crânios encanecidos, gengivas vacilantes, pregadores e abençoadores, de cima a baixo de nosso céu francês, o clarão branco de Marne!

*

Ingleses, ingleses, a batalha de Marne retardou em um quarto de século o golpe do armistício, a homilia de Bordeaux. E foi o nosso povo quem a ganhou, quem a levou sua vitória e a tirou dos pregadores e abençoadores, debaixo de seu nariz, debaixo de sua barba. Digo "nosso povo", ainda que todos tenham feito sua tarefa – pois existem vitórias populares, como Bouvines, Valmy, ou militares, como Austerlitz –, e ela foi, verdadeiramente, uma vitória popular. Em Verdun, por exemplo, nosso povo aguentou pacientemente, obscuramente, quase sem esperança, aguentou por aguentar. Mas em Marne revoltou-se. Correu em Marne como nas barricadas. Ela não era sequer a pátria que vingavam, eram eles mesmos, sua honra de homem. Ainda na véspera, aceitaram tudo, talvez, e de repente acreditaram sentir sobre eles o olhar insolente, desdenhoso, compadecido das pessoas em frente, dos militares profissionais, dos oficiais de monóculo, e tomaram esse golpe de sangue na cabeça, no coração, essa chuva de sangue em seus olhos, esse acesso de raiva plebeia. "Então, vamos? – Vamos!" E se foram.

Ingleses, não considerem isto literatura. Quem desconhece nosso povo, quem tem dele a mesma imagem que a das elites burguesas, nada saberia dizer sobre uma vitória dessas, nem sobre suas causas. Os conservadores chamaram-na de milagre, não por piedade, mas, de maneira muito exata, por falta de palavra melhor. Tudo é milagre, tudo é graça, eu mesmo sou cristão bom o suficiente para sabê-lo, mas há o milagre, há o instrumento do milagre, mais ou menos consciente, mais ou menos digno, mas sempre escolhido – *vocatus* – e chamado. Há a libertação de Orléans, e há Joana d'Arc. Há Marne e o povo francês, o povo de cabeça dura, de coração sensível, de mãos violentas. Que esse povo que votava mal pudesse, nem que tenha sido por um instante, ser o instrumento da Providência, era algo tão difícil de convir aos fariseus quanto era difícil para os bacharéis da Sorbonne ou para os prelados opulentos do Tribunal de Rouen admitir a familiaridade de uma camponesinha iletrada com o Bom Deus, indecente o bastante para se vestir de homem. Ingleses, já lhes disse diversas outras vezes, pouco importa para mim hoje que me creiam; não carregarei menos o testemunho que meu povo esmagado e humilhado esperaria de mim, se ainda for possível esperar o que quer que seja. As pessoas de quem falo não desejaram verdadeiramente nossa antiga vitória, não gostaram dela. O homem que a desejou e a quis com todas as forças de seu coração, todo o grito de suas entranhas, chamava-se Georges Clemenceau, e não pertencia à espécie deles, desprezava-a; eles apressaram-se em vingar-se de seu desprezo ao renegá-lo, ele morreu odiando-os. E hoje, assim como antigamente, a burguesia francesa não pensava senão na revolução, na ameaça revolucionária; o sentido social já se impregnava nela com o sentido nacional. Quando lutava contra o antipatriotismo e contra o antimilitarismo, servia menos ao militarismo e à pátria do que se utilizava desses, ligando a causa deles à sua causa, o prestígio deles ao seu prestígio. Foi por essa mesma razão que se tornou clerical. Oh! Sem dúvida, cálculos assim são sempre metade conscientes; nem sequer merecem o nome de cálculos e deveríamos ver neles, antes de tudo, os simples reflexos do instinto de conservação. Ao se conservarem, as elites pensam conservar tudo o que representam, mas nunca se questionam se ainda são elites, ou seja, se cumprem tais deveres; não me cansarei de insistir nesse ponto capital. Toda sociedade cujo prestígio já não corresponde exatamente aos serviços cumpridos, cujas classes dirigentes recebem mais da comunidade do que lhe dão, é uma sociedade fadada à ruína. Tanto em 1914 quanto em 1939, nossa burguesia entrou na guerra como em uma aventura absurda, e os economistas burgueses demonstraram-lhe de antemão seu absurdo matemático. Mas Jaurès e os socialistas eram pacifistas a essa altura; era Jaurès quem então sonhava com uma colaboração franco-alemã, quem denunciava a Inglaterra e a Rússia. Em 1939, as posições estavam invertidas, a burguesia tomou o partido contrário muito naturalmente. Ingleses! Ingleses! Não existe guerra possível sem uma mística de guerra, e foi o povo, e não a burguesia, quem deu à guerra de 1914 sua mística no fim das contas, foi contra o nacionalismo e o militarismo alemães que nossos homens se levantaram. Frequentemente se esquece, e especialmente no exterior, de que essa guerra de 1914 foi a primeira em que a burguesia francesa realmente tomou algum partido, em que serviu o tempo todo, em todas as posições, mesmo as mais humildes. A de 1870 ainda havia sido uma guerra de profissionais, e os bravos comerciantes parisienses que, durante o estado de sítio, aumentaram a guarda sobre as fortificações, enrolados em chalés e mantas, recebendo cada um diariamente a visita da esposa, anunciavam muito menos seus futuros heróis de Verdun que se lembravam de seus ancestrais da Liga, da qual um dos grandes livros de nossa literatura, *la Satire Ménippée*, traçou uma caricatura imortal. Toda a história militar francesa foi feita pelos nobres e pelo povo. Mesmo nos tempos de Molière, um burguês soldado pareceu quase tão ridículo quanto um burguês fidalgo. Certamente, os netos das guardas nacionais de 1870 mostraram, quarenta anos depois, que a repugnância tradicional de sua classe pelo ofício das armas não se devia à covardia. Mas não guardavam menos em nossas trincheiras, sem saber, o sentimento de uma espécie de desqualificação heroica, análoga à de uma irmã de caridade ou de um missionário que vive voluntariamente a vida dos pobres e selvagens. Na lama de Massiges ou de Craonne, eram falsos pobres entre os verdadeiros pobres, não tinham trocado sua miséria por uma miséria maior, mas o conforto burguês por uma miséria sem medida. Sem dúvida, não consideravam que, caso se sacrificassem mais, teriam mais a defender, que conheciam o valor de sua implicação, enquanto um pobre-diabo nada tem a perder, uma vez que nada possui, nem mesmo uma ideia clara do que poderia pertencer a todos, a tradição, a cultura, o espírito... Quando essa opinião era formulada diante deles, gritavam blasfêmias. A guerra deveria ser feita pelos ricos, diziam uns. Pelos pobres, pensavam os outros... Nesta idade a que cheguei, enquanto meu filho mais velho combate por nós do outro lado do mar, posso ao menos tentar colocar todos de acordo: a guerra, infelizmente, deveria ser feita pelos velhos!

*

A burguesia não teve mística de guerra, e não poderia tê-la, pois tem uma moral e nenhuma mística. Com seu espírito prático, positivo, nunca se preocupou seriamente com a criação de uma moral para seu uso estrito, ainda que os universitários burgueses lhe tivessem, frequentemente, proposto uma. Mas ela desconfia das novidades, tem gosto pelos instrumentos sólidos, que já muito serviram. Quando tem uma necessidade premente de moral, pede-a de empréstimo ao cristianismo, apenas o necessário, não mais, não menos – quero dizer, recorre à Igreja, certa de não ser enganada quanto ao valor da mercadoria. Sua única maneira de idealizar a guerra é ver nela, com as da Igreja, uma expiação. Mas também entende essa palavra em sentido prático, positivo: uma expiação análoga à do devedor insolvente, do pródigo que se torna a presa de seus credores. Não sendo, a menos não segundo seu julgamento, devedora de ninguém – guardiã e vivo símbolo da Ordem, da Prosperidade –, tal prova não poderia combater senão os inimigos da Ordem, da Propriedade, da Sociedade ou, mais valeria dizer, dela mesma. Foi assim que, tendo participado corajosa e heroicamente da guerra de 1914, constantemente renegou seu espírito. E isso, mesmo imprimindo-o em seus jornais, pela necessidade da propaganda, nossa famosa máxima "Guerra à guerra!" a fez sempre não apenas sorrir, mas fazer caretas, e fazer caretas raivosamente. Não que não gostasse da guerra, mas detestava ainda mais o que chama de "as utopias", "as quimeras", tudo o que pode perigosamente inflamar a imaginação das massas populares, dar-lhes a ideia de que a ordem estabelecida não está estabelecida para sempre. Os pobres-diabos faziam "a guerra à guerra" conscientemente, e ela murmurava em voz baixa, com ferocidade inconsciente: "Você vai mudar de ideia quanto às suas ilusões!", máxima que prodigaliza até mesmo aos seus próprios filhos, cujos sonhos sempre rebaixa. Com a guerra finda, por que o bom senso não retomaria seus direitos? A burguesia enviou o irredutível Clemenceau à sua choça da Vendeia, onde morreria lentamente, menos por decepção que por desprezo. Ela o substituiu solenemente pelo Senhor Paul Deschanel.

Confiou seus processos ao mais hábil de seus advogados, o Senhor Poincaré – o processo da guerra que, para ela, em suma, nunca foi mais que processos de reparações. Não teria chegado a hora de falar ao povo essa linguagem positiva e moralista pela qual se distingue? Chega de grandes discursos! Em período de guerra, assim como em período eleitoral, os grandes discursos são permitidos, e é mesmo permitido abusar deles. Depois deles, todos retornam tranquilamente às preocupações mais sérias. "Sofremos juntos, de acordo, mas vocês sofrerão por sua própria culpa, e também nós sofremos por sua culpa. Nossa sociedade era bastante conveniente; vocês colocaram na cabeça que desejavam uma sociedade melhor. Perturbando a ordem estabelecida, a verdadeira, a nossa, vocês ofenderam a Pátria, a Família, a Propriedade, a Religião. Nesse ponto, é inútil discutir, os políticos, os economistas, os moralistas e os párocos estão de acordo. Enfim, que importa? Vocês acabam de expiar seus erros, não falemos mais disso. Retomemos a vida do ponto onde a deixamos. A guerra não é a vida, e não são também o amor, a poesia ou a música. Se os mantivemos um ano a mais na caserna desde o armistício, foi para lhes dar tempo de desembebedá-los da glória e de suas vãs fumaças. No mundo moderno, o futuro não pertence aos heróis, mas aos que produzirão para vender, e vendem para produzir ainda mais. Trabalhem, produzam, para que possamos vender."

Ingleses, vocês conhecem essa linguagem. É justamente a linguagem do Senhor Marechal Pétain. É também a linguagem que o Front Doméstico, o famoso Front, "a Retaguarda", dirigia a nós, homens da Frente. As elites burguesas, políticas, sociais, militares ou religiosas já em 1919 entusiasmavam-se ao nos convidarem à resignação, à expiação, à penitência. Por mais certas que estivessem – ou parecessem estar – sobre seu julgamento, sobre sua virtude, isso não quer dizer que tenham, no último recesso de sua consciência, um escrúpulo, uma dúvida, talvez um remorso. Por que esse povo que, outrora, nossos reis chamavam de seu "bom povo" nunca os amou? Por que fez mais barricadas em cem anos que seus antepassados fizeram em dez séculos? Oh!

Sem dúvida, há doutrinas perniciosas, denunciadas pelas encíclicas. Mas como esse povo tão sábio, tão cheio de experiência e de razão, se tornou vítima de ideologias grosseiras? Seria menos por malícia que por desespero? Em certas conjunturas mais trágicas, é perfeitamente natural que as elites burguesas sociais, políticas, religiosas ou militares façam a si mesmas a pergunta do marido austero e digno cuja esposa acaba de se suicidar, a do Senhor Bovary diante do cadáver da encantadora Emma: "Será que a compreendi de fato?". E elas esperam, elas esperam ainda que o filho pródigo acabe não apenas por reconhecer seus erros, mas por tomar para si toda a responsabilidade do mal-entendido. "Fiquem tranquilos! Sou eu, e apenas eu, que não os compreendi!"

*

Ingleses, Deus é testemunha de que eu gostaria de falar sobre essas pessoas sem injustiça. Não espero que tenham consciência de estarem confortáveis no desastre; mas é verdade que nunca têm mais segurança, dignidade, eloquência que no momento das catástrofes nacionais. Convencidas de não serem as responsáveis, orgulhosas porque não as previram, acolhem-nas com a espécie de unção de um pároco rancoroso que, durante muito tempo ultrajado por um paroquiano, vem administrar, a pedido dele, os últimos sacramentos ao homenzinho aterrorizado pela morte... Não as acuso por desejarem a infelicidade. Digo, afirmo que não podem odiar a infelicidade como eu a odeio, pois veem nela não seu castigo, mas o nosso, uma desforra das longas e constantes decepções que, na paz, um povo indócil lhes inflige. E, pela mesma razão, digo, afirmo que nossa vitória de 1918 nunca foi, aos olhos delas, senão a obra de uma sorte que não merecemos, que desmentia as previsões dos homens sábios, dos economistas, dos moralistas e dos homens de negócios... Não a detestaram a princípio, receberam-na friamente, desdenhosamente, como o notário que recebe o jovem pródigo de quem inúmeras vezes previu a ruína e esse vem lhe contar a novidade de uma herança inesperada, imprevista. De que adianta?, diz o homem da lei, dando de ombros. Oh! Ingleses, eles nos fizeram duvidar de nossa vitória, e é isso que não lhes posso perdoar. Não tentaram nos entender além. Ninguém nos entendeu. Americanos, por exemplo, vocês que talvez me lerão: conheci seus homens; eram meninos sem medo, muito mais ousados, em suma, mas homens de outro tipo, de outra espécie; eles não lhes ensinarão nada sobre nós. As pessoas morais que, na Academia das Ciências Morais, indo à frente do Senhor Marechal Pétain, esperavam havia cinquenta anos a oportunidade de dar uma lição de moral a uma França humilhada, arrependida, no fundo nos censuraram por termos ganhado o jogo. Ganhamos o jogo, de acordo, o jogo da Vida e da Morte, e arriscamos tudo. Mas também trabalhamos muito, posso assegurar-lhes! É possível que tenhamos feito a guerra sem inspiração, sem engenhosidade, mas não sem paciência. E se não entendêssemos muito sobre o heroísmo considerado arte, sabíamos merecê-lo, podíamos fornecer um trabalho sólido, um heroísmo rústico, de boa matéria, um pouco grosseira, imperecível. Por que essa gente nos acolheu como os peões nos recebiam outrora, no retorno das férias? Deixaram-nos a guerra, e tiraram de nossas mãos a Vitória, nossa Vitória, olhavam através dela, sopesavam-na, farejavam-na, ao modo do empregado de Mont-de-Piété que examina atenciosamente nosso relógio quando tentamos empenhá-lo, abanando a cabeça e nos dizendo, com um suspiro: “Que pretende? Não é um relógio excelente, mas conte conosco para tirar dele o melhor preço”. Oh! Ingleses, deveríamos ter respondido: “Devolvam-no, então, imbecis! Vocês estão vendo que o relógio ainda não está terminado. Admitamos que o tenhamos ganhado no jogo, se assim preferirem. Ora, isso prova que temos sorte, estamos em boas circunstâncias, aproveitemos, vamos. Apostemos a Paz agora, arrisquemos tudo. A paz para todos, para sempre, uma grande paz, uma paz de trovão de Deus!”. Eis o que deveríamos ter dito, ingleses. Mas já éramos apenas os heróis do desemprego; heróis ou não, um desempregado é só um desempregado... Sim, eis o que o nosso povo deveria ter dito, mas, de toda maneira, que importa? Ele não disse! O que teria ousado dizer, ousado fazer, instantaneamente, de uma só vez, pois lhe custa muito mais falar que fazer, expressar-se que se dar. O princípio de sua grandeza não está em sua imaginação, mas em seu coração. E as pessoas de que falo abstiveram-se de falar com o coração. Antes, mostraram-se gratas ao nosso povo em silêncio, com o ar protetor que o enche de raiva e o desconcerta: "Vocês não pensam em arriscar a paz! Colocar a paz em jogo como se fosse um jogo de bisca, talvez, por que não? São infantilidades. Vocês nada sabem do valor do dinheiro, e vitória é dinheiro. Basta terem cem francos no bolso para se considerarem ricos, pagarem bebidas ao gênero humano, e continuarem sem dinheiro. Coloquem sua vitória na Caixa de Poupança. Nós, as elites sociais, políticas, religiosas e militares, nós somos sua Caixa de Poupança, a Caixa de Poupança da nação". O que nosso povo poderia responder? Já considerava sua Vitória com outros olhos, perguntava-se se o diamante não era apenas uma imitação grosseira. Era um diamante, mas um diamante bruto. Para lapidar essa pedra preciosa, para lhe jogar o fogo que aclarou o mundo, foi preciso toda a paciência, toda a consciência, todo o heroísmo que esse povo acabava de mostrar na guerra. Mas os homens da lei colocaram esse precioso objeto no cofre e a burguesia o tomou. A burguesia, digo, não apenas a nossa, mas também a sua – a burguesia universal, enfim –, nada quis arriscar em nome da paz, enquanto os povos arriscaram tudo na guerra. Os povos não a perdoaram. Oh! Sem dúvida, é fácil dizer que é culpa do Tratado de Versalhes, que o Tratado de Versalhes era malfeito. Era malfeito porque pretendia regular, quase sem saber, a imensa aventura na qual o mundo se engajou como se fosse uma empresa qualquer, por meio de uma espécie de balança comercial, e que deveria ter sido levada até o fim, a qualquer preço, custasse o que custasse, para que a humanidade não fosse enganada em sua espera. Custou caro demais? Bem, a guerra nos custa hoje ainda mais caro, e, quando chegar ao fim, vocês se encontrarão diante do mesmo problema a ser resolvido, os mesmos sacrifícios a ser consentidos – mas aí eles serão ainda mais pesados.

Maio de 1941

Os jornais anunciam que as tropas inglesas e francesas se enfrentam hoje, ao longo das fronteiras da Líbia. Que a notícia seja verdadeira ou falsa, que importa? Sei perfeitamente que tentar correr mais rápido que a desgraça não está ao alcance de homem algum. Não se trata de caminhar em ritmo próprio, mas no nosso, avançar custe o que custar, pois nenhum de nós se perdeu. E a propósito, ingleses, o que quer que aconteça, não acontecerá nada pior do que o que já vimos com bastante frequência ao longo da história, pois certamente não é a primeira vez que nossos meninos se defrontam, e isso não significa que devamos perder a cabeça. Seu povo jamais foi tão elevado, mesmo na época do Príncipe Negro; nunca foi tão honroso igualar-se a seus homens. Tal raciocínio parecerá, sem dúvida, um pouco singular aos olhos de seu espírito prático, mas vocês não esperam de mim que eu fale como um presunçoso qualquer da literatura. E, para dizer-lhes o que realmente penso, já que nada mais tenho a perder agora, ficaríamos quase tentados a acolher essa aventura absurda com uma espécie de satisfação amarga, o cúmulo do absurdo, cuja consequência mais lastimável, a meu ver, seria que, ao forçá-los a lutar uns com os outros, a aventura restituísse certa aparência de honra aos generais e almirantes da Derrota. E, quanto aos pobres-diabos irresponsáveis que enfrentarão suas metralhadoras a serviço da Grande Alemanha, eu preferiria invejá-los. Para um jovem francês, desde o armistício, já não há má ocasião para morrer.

*

Ingleses, ingleses, o desastre do meu país teve o poder de me abalar o coração, mas creio poder dizer que tal desastre nunca turvou minha razão seriamente, e é em minha razão, não em meu coração, que se encontra o princípio da minha esperança invencível. Eis por que me permito lhes falar com esta linguagem. Não me tomem por homem de sistema e princípios. Não tenho sistema, pois o espírito do sistema é uma forma de loucura, os sistemas servem apenas aos loucos. O bom senso nos ensina que, com a pretensão de simplificar, os sistemas complicam tudo, enquanto a vida, parecendo complicar, simplifica tudo. E não tenho princípios porque não sinto, de forma alguma, a necessidade de impor à minha consciência uma espécie de Constituição, de viver com minha consciência sob um regime constitucional. A palavra "princípio" é, a propósito, tão degradada pelo uso que dizer hoje que um homem tem princípios quase equivaleria a dizer que esse mesmo homem tem renda. Não preciso de princípios, pois sou cristão; não tenho princípios, mas tenho uma fé, e essa fé que me impele a amar o próximo convida-me a compreendê-lo, o que é o caminho mais seguro e real para amá-lo. Suplico que não pensem que eu queira mal a meus contemporâneos por não terem ouvido minhas lições. Sempre me esforcei para escrever o que penso – inflexivelmente –, e quando se escreve inflexivelmente o que se pensa, é difícil não dar repetidas lições a si mesmo, despreocupadamente, o que nos faz perder o gosto de dar lições aos outros. Mesmo sendo verdade que previ alguns de nossos infortúnios, inclinar-me-ia a pedir perdão por tais previsões, pois encontro-me na posição daqueles que, ao prever as desgraças, não conseguem poupar o mundo. Nos grandes dramas, como nas tragédias do seu Shakespeare – todos os grandes dramas da história são shakespearianos –, encontra-se, invariavelmente, o mesmo personagem que, com as mãos nas costas, a cabeça inclinada, vacila entre os escombros e repete, incansavelmente, com voz cavernosa: "Eu avisei vocês". Uma vez em mil, o personagem de fato tem o direito de dizê-lo, e a posteridade lhe erigirá estátuas. Em 999 das vezes, é apenas alguém sem sucesso e solitário que, sistematicamente, sempre apostou no pior, e venceu a aposta graças à tolice dos homens. Para um Chéradame[1] vocês encontrarão 10 mil disparatados, cujo gênio é tão somente uma doença de fígado. Que me importa o que escrevi? Gostaria de escrever hoje como se nunca eu nada tivesse escrito. Meu modesto testemunho não tem seu valor em mim; não raciocino sobre o desastre do meu país, o que seria apenas uma maneira sonsa de excluir-me, de colocar-me acima dele. Eu o sinto, eu o sofro, eu o vivo, e o vivi durante meses com todas as forças e todos os recursos da minha vida. Convido-os a sentir e sofrer comigo, pois o desastre é também de vocês; ele carrega o sinal dos seus erros e dos meus. Oh, ingleses! Não cometam agora a injúria de me tomar por um moralista! Não se trata de moralizar, mas de entender. Em seu país, encontramos – como em outros lugares, infelizmente! – esses pobres fantoches que se dizem políticos, pois guardam uma seriedade imbecil, imperturbável, impenetrável, no meio das situações mais risíveis, cujo ridículo até mesmo uma criança pequena seria capaz de entender. Nenhuma catástrofe os pega desprevenidos. Voltam-se gravemente para o público, admitem gravemente que se poderia ter temido a catástrofe antes, mas que, sendo esse agora um fato cumprido, deve-se contar com eles, com seu espírito realista, para tirar disso o melhor partido possível, que a única desgraça a temer seria que os destruíssemos, uma vez que, supondo que tenham de fato cometido um erro, eles conhecem o erro melhor que ninguém, têm dele um conhecimento explícito, e encontram-se, por conseguinte, mais bem colocados para repará-lo. "A história recomeça continuamente", dizem eles. E eles pretendem recomeçar com ela. Perderam tudo, mas prometem conservar o resto. Esta palavra, "conservar", flerta com a resignação cega das ovelhas, como a palavra "destruir" flerta com a violência cega dos lobos. Mas, simplesmente, uns destroem o que mereceria ser

[1] André Chéradame, jornalista francês especializado em questões geopolíticas de seu tempo, especialmente na *Geopolitik* alemã e sua propaganda. (N. T.)

conservado, outros conservam o que mereceria ser destruído; de que vale distinguir os dois? Conservar a qualquer custo torna impossível o que poderia existir, sufocar o futuro que germina não me parece menos repreensível que desordenar o presente, ainda que um crime do tipo não seja traído por qualquer aparência exterior de desordem, e muitas pessoas sem dúvida pensarão, como eu, que mais vale matar um homem que castrá-lo. Ingleses, se vocês quisessem pensar sobre essas profundas e secretas concordâncias, não se perguntariam mais por que a desgraça universal assume, pouco a pouco, esse caráter de absurdo gratuito que repugna tanto seu espírito positivo, seu sentido positivo da vida. Os eventos que lhes parecem sem sentido encadeiam-se entre si de maneira muito mais estreita do que imaginam os economistas e os professores de direito. Os eventos desenrolam-se segundo a lógica dos imbecis, eis a verdade. Dessa lógica, a propósito, desconheço absolutamente o rigor inexorável, pois cada imbecil, considerado separadamente, é apenas um imbecil, mas a experiência acumulada dos imbecis tem imenso peso no mundo. A prudência dos imbecis é o fato de respeitarem tudo, pois, a exemplo de certos organismos marinhos elementares, não podem sobreviver senão em águas calmas; a mínima agitação do mar os destruiria. É a prudência dos imbecis que a sociedade moderna, pelo abuso extraordinário de palavras que tanto assombraram os antigos gregos, chama hoje de espírito de medida, como se houvesse medida outra para o homem senão dar-se sem medidas a valores que ultrapassam infinitamente o campo de sua própria vida. Não devemos, portanto, perder nosso tempo maldizendo os imbecis: os imbecis são parasitas e, se a natureza quis parasitas, é porque não são inúteis. Mas a observação do reino animal nos dá, infelizmente, a prova de que parasitas muito tempo tolerados acabam por impor sua lei à espécie superior, à custa de quem vive. Não apenas sustentamos os imbecis, mas nos conformamos, pouco a pouco, ao ritmo lento de sua vida, e um dia sacrificaremos, talvez, o gênio criador do homem a esse conservantismo que os doutrinários podem perfeitamente tentar justificar com discursos pomposos, mas que não é, para os imbecis, precisamente, senão um simples reflexo do instinto de conservação.

*

Ingleses, vocês se recusariam a acreditar em mim se eu lhes dissesse que o desastre do meu país é um fato considerável, fora do alcance dos imbecis, e que não poderíamos introduzi-lo nos domínios da lógica dos imbecis? Seria muito pedir em favor de um velho povo, que tanto trabalhou, que trabalhou por mil anos? O imbecil, em nome de seu realismo imbecil, pressiona-os de mansinho a tirar proveito de nosso infortúnio. E eu lhes digo que, se for da sabedoria humana, ou ao menos da justiça, tirar proveito de erros e faltas, não se poderia explorar a vergonha sem correr o risco, cedo ou tarde, de partilhá-la. A honra do meu povo compromete a sua honra; é impossível construir o que quer que seja sobre a desonra do meu país. Se o fizerem, estarão cometendo o mesmo erro que o Senhor Marechal Pétain, que pretende basear em si sua revolução nacional. Para tirar proveito de nossa desonra, seria preciso instalar responsáveis em nosso país, e espero lhes provar hoje que eles pertencem a uma espécie de homens tão mais numerosa em seu país que em outros, espalhada pelo mundo inteiro, cuja vocação é liquidar, pois são impotentes para criar; nem sempre são desonestos ou perversos, mas mil vezes mais nocivos que os desonestos e perversos quando sorrateiramente se introduzem nas consciências para lhes afrouxar as molas. Eles liquidarão sua honra depois de ter liquidado a nossa. Ingleses, a ambição das ditaduras não poderia ter desenvolvido sua maleficência se a hipocrisia dos conciliadores não lhes tivesse fornecido um ambiente de cultura favorável, para empregar uma expressão cara aos microbiólogos. Que a palavra "hipocrisia" lhes pareça um pouco forçada, que importa? Não existe verdadeira hipocrisia sem certa sinceridade; a hipocrisia consciente, lúcida, friamente calculada é apenas uma forma concluída de duplicidade – nada mais –, não inspira repugnância. O que faz do hipócrita um objeto de desgosto, uma coisa impura, é o fato de a mentira não ser para ele um meio, mas um fim, é o fato de realizar-se, concluir-se na mentira, o fato de estar inteiramente na mentira. O hipócrita ama a mentira, eis seu segredo. Não distingue mais a virtude de seu simulacro, reverencia a virtude que vê no fingimento, e reverencia-se nela; não está longe de acreditar que sacrifica sua vida por ela, uma vez que tem todo o cuidado em copiar-lhe os exteriores escrupulosamente, e talvez acabe por morrer em paz com a esperança de que um esforço tão longo e perseverante, muito mal pago por alguns proveitos neste mundo, terá sua recompensa no outro. O hipócrita acaba por esquecer sua hipocrisia, eis o que quero dizer, e ficamos tentados a esquecê-la com ele, pois, em muitas circunstâncias, o hipócrita realiza os mesmos serviços que o homem sincero; a verdade fingida é de um manejo mais fácil que a verdadeira e, além disso, custa menos caro, pois seu preço é discutível. E essa última razão tem importância enorme para as democracias. As democracias, furiosamente pródigas em tudo que diz respeito ao uso interno, sempre administraram seu orçamento de propaganda exterior com economia. Que é a maior parte dos políticos notórios, dos líderes, senão simples agentes de propaganda, grandes oradores voltados para a opinião pública universal, enquanto os ministros subalternos e os escritórios realizam, silenciosamente, o trabalho útil? Para cumprirem papel tão chamativo, as democracias julgavam que o homem verdadeiramente sincero era mais perigoso que eficaz; não poderiam controlá-lo facilmente. Por outro lado, a um simples mentiroso, um mentiroso arrojado, um demagogo cínico e não violento, falta muito tato. Era natural que não assegurassem o concurso desses personagens dúbios, que chamamos de moderados, que sabem ser moderados mesmo diante da expressão de ideias supostamente subversivas, pois mantêm da verdade e da mentira uma distância igual, e de quem não se pode dizer que têm sentimentos baixos, pois não o admitem nem para si mesmos. Ingleses, foi a esses homens que confiamos durante vinte anos, por exemplo, a causa da paz; foram tais homens a quem encarregamos o cuidado de assegurar a paz da Europa. E pensávamos que o emprego lhes convinha perfeitamente, pois nada nos pediam em troca da paz; nada exigiam, contentavam-se em clamar seu desejo de paz. Que mais fizeram? Não tinham senão esse desejo, realmente o sentiam, tinham realmente medo da guerra, não apenas dos perigos da guerra, da qual a idade da maior parte deles permitiu que escapassem, mas de um perigo mil vezes mais temível a seus olhos: o de perder seu lugar, de acabarem com a própria carreira. Sentiam-se profundamente incapazes de prosperar em outro lugar, senão em clima de paz, o que significava o clima da paz a qualquer custo; sabiam que a guerra, ou tão somente o risco admitido da guerra, prontamente os destituiria de seu prestígio, sabiam que seriam transformados em nada. E, da mesma forma, aspiravam a servir à liberdade, enquanto serviam apenas às aparências, à ficção. Colocavam sua hipocrisia a serviço da liberdade assim como a serviço da paz, não amavam realmente nem a liberdade nem a paz, apenas tinham seus hábitos tanto em uma quanto em outra, eram apegados a tais hábitos que asseguravam seu bem-estar, seu conforto – não entendam essa palavra em sentido muito baixo –, quero dizer, também seu bem-estar moral, seu conforto espiritual; encontravam nisso a paz de consciência. Pregavam o Verbo, renegavam o Espírito, buscavam no Verbo um refúgio contra o Espírito; é o cálculo mais ou menos consciente de todos os fariseus. Ingleses, vocês não são verdadeiros amantes da psicologia, e acreditem que não é, a propósito, pelo meu próprio prazer que traço um retrato psicológico daqueles que foram seus mestres e que ainda se dizem meus mestres, pois eles me repugnam, a pena me cai dos dedos. Vocês não são verdadeiros amantes da psicologia, mas são grandes amadores da Bíblia, e sabem bem o que é um fariseu. Os fariseus não eram, de forma alguma, impostores de primeiro grau, não fingiam fazer preces, jejuar ou pagar o dízimo. Conformavam-se com a Lei, conformavam-se escrupulosamente, a não ser por um escrúpulo, o de conformar na Lei seu coração, e talvez seu coração não fosse conformado por ela. Ingleses, durante vários meses pensei muito na desgraça do meu país, e ela me parece ultrapassar em muito a medida de uma catástrofe nacional; não entendam isso como bazófia. Não existe nada de ridículo em acreditar que a submissão de um grande povo, de uma das chaves de abóboda da Europa, não seja o sinal de uma ruptura de equilíbrio em todo o edifício. Vocês estão preocupados demais com o inimigo neste momento, e não se darão conta até que apareçam as fissuras e rachaduras. Comemos rãs, é verdade, mas comemos rãs há mil anos, e, até aqui, o animal de sangue frio não diminuiu nossa temperatura; algum dia, podemos ter um acesso de febre, atear fogo à velha casa por vergonha, por remorso, por raiva, ou simplesmente para ver a cara de nossos vizinhos. De qualquer forma, vocês não pensam, suponho eu, que o Senhor Marechal Pétain, mesmo assistido por um Estado-Maior, por grandes industriais, por acadêmicos, por técnicos, por cardeais e arcebispos, possa protegê-los contra o risco de incêndio: o valor da comissão ultrapassaria os recursos da Europa.

*

Ingleses, gostaria de chamar aqui sua atenção para um fato tão importante, tão evidente, tão perfeitamente esclarecido pela evidência que ninguém nota; ainda é o caso da carta roubada de Edgard Poe, lembram-se? O ritmo da vida moderna acelerou-se prodigiosamente, o que favorece em muito os homens de negócios e os políticos. Como vocês esperam que os povos sigam o trem? Os povos sempre caminharam lentamente, sempre pensaram lentamente, sempre expressaram lentamente seu pensamento; e deram-se conta disso mais lentamente ainda. E, por certo, seus mestres por vezes os venciam em rapidez, mas o avanço era raramente grande a ponto de não poderem ser finalmente alcançados, com seu passo pesado. No fim das contas, eram os povos que faziam a história, sua própria história, e os políticos ficavam contentes demais quando conseguiam deixar nela algum traço feliz e durável de sua passagem. Hoje, são os homens de negócios e os políticos que fazem a história; o povo sempre chega tarde demais, a menos que um evento funesto, inesperado, um desabamento ou um desmoronamento obstrua o caminho dos ágeis exploradores... Deus queira que sua mão poderosa seja colocada sobre eles!

E é esse, ingleses, o motivo por que ninguém poderia prever hoje as próximas reações do meu país, nem do seu, nem de nenhum outro país, na verdade. Perdemos o contato com os povos, esta é a verdade. Entre eles e nós, as circunstâncias fizeram nascer, crescer e prosperar uma espécie de homens medianos, recrutados em todas as classes, uma espécie terrivelmente difícil de definir, pois eles não têm nem vícios, nem virtudes particulares: sua maleficência não vem senão do lugar que ocupam. Oh! Sem dúvida, vocês exclamarão que sou injusto com os pobres-diabos, cheios de boas intenções, entupidos de boas intenções como se fossem sacolas, que eu deveria reservar minha cólera aos dementes, aos furiosos, aos sanguinários. E eu lhes respondo que, se os povos enlouquecem, é porque os supostos sábios são tolos demais; sua tolice os fez ter aversão à sabedoria, sua hipocrisia os fez ter repulsa à verdade. É tão raro assim ver mulheres sensíveis, apaixonadas, até então irrepreensíveis, se perderem por terem se casado com imbecis? Mas prefiro lhes falar de cavalos, é um assunto que lhes é mais familiar que qualquer outro. Vocês sabem muito bem que basta fazer com que um cavalo jovem, alegre, ardente e desejoso de sossego seja montado por um cavaleiro pretensioso e covarde para que o animal se torne renitente? Minha explicação talvez seja incompleta: é lamentável que vocês não se oponham a ela. Pois já faz tempo, muito tempo, que nos deleitamos em conduzir os negócios deste mundo de acordo com os preceitos da sabedoria burguesa, da moderação burguesa, do bom senso mais empírico e raso, e nossos esforços só serviram para jogar o mundo em uma crise de *delirium tremens*, que desconcerta não apenas nossas previsões – o que é óbvio –, mas também a imaginação dos poetas. Menos de meio século depois do jubileu de Sua Majestade, a Rainha Vitória, o mundo aclama a elevação dos semideuses; vocês não podem achar isso natural. Se lhes tivessem então dito que um homenzinho necessitado, um vagabundo tão parecido com aqueles que vocês veem dormir à noite nas praças, sem colarinho, com a ponta do cigarro ainda nos lábios, se tornaria o fundador de uma nova religião, teriam explodido de rir. O Senhor Hitler não tem, de forma alguma, a propósito, a aparência de um semideus, nem mesmo de um quarto de deus, e sabemos, graças à sua cozinheira, seu médico e seu criado de quarto, que come, bebe e evacua como vocês e eu – é muito simples. Infelizmente, o sinal fatal não é que o Senhor Hitler seja ou não um semideus, mas que seja tratado como um, que milhões de seres tenham se entregado a ele de corpo e alma, esperando dele a redenção. O sinal fatal é a idolatria, não o ídolo. E se vocês objetarem dizendo que a idolatria é um fenômeno conhecido, classificado, permitir-me-ei responder que as circunstâncias talvez criem um novo problema: o de que a humanidade, outrora, entrou na idolatria por ignorância, e que hoje volta a ela por desespero. No entanto, paro aqui. O desespero do mundo é o único assunto que sua paciência e cortesia não podem tolerar por muito tempo.

Ingleses, o Senhor Jacques Maritain lhes disse, digo-o novamente: nossos democratas eram doentes. A democracia de Weimar, assim como a do Senhor Nitti, a democracia do inocente Doumergue, assim como a do piedoso Alcala Zamora, tão caro aos jesuítas, a democracia do Senhor Bénès ou a sua, todas as democracias sofriam de uma espécie de doença análoga àquela da qual a descoberta das vitaminas revelou a causa, de uma doença de carência, de carência de heroísmo, orgulho, honra, e essa doença era antiga. Não se deem ao trabalho de me responder que, ao longo destes últimos cinquenta anos, não faltaram heróis. Sim, de 1914 a 1918, dobrou-se, triplicou-se, decuplicou-se a ração, o que me faz pensar no bravo homem que quis tomar de uma só vez sua dose de estricnina calculada para seis semanas. E de que valem os atos heroicos se sua lição está perdida, ou seja, se o heroísmo está difamado, ou ainda pior, sorrateiramente depreciado, visto como simples nota pitoresca da vida, um supérfluo contestado, um luxo? Por hábito, continuavam-se a contar belas histórias às crianças, mas, assim que atingiam a idade para refletir e observar, entendiam muito bem que as pessoas sérias são realistas. "Sempre foram realistas", vocês responderão. Talvez, mas nunca se disse tanto, nunca se gritou tão alto. Graças à enorme propaganda da imprensa ou do rádio, nunca pareceu tão lisonjeiro enganar o próximo, não apenas como outrora, em torno de uma mesa de congresso diplomática, no meio de áugures, mas diante de um público considerável. Os próprios devotos vangloriavam-se da diplomacia realista da Santa Sé, pobres idiotas! Mal consagrados pelo sucesso, o logro tornava-se legítimo e santo. Jamais um príncipe deste mundo, por mais glorioso, por mais justo e santo, foi tão unanimemente respeitado, tão escrupulosamente obedecido, tão abundantemente abençoado quanto o novo Mestre do Conformismo Universal, Sua Majestade, o Fato Consumado. Quanto aos logrados, nem sequer pensavam em se desculpar por terem sido enganados, aceitavam esportivamente sua derrota, com arzinho de perito, e quem os censurava passava por mal-educado. Esse estado de espírito ainda permanece. Não admitimos agora, todos os dias, que sentimos falta da Paz de 1918? Entendemos o que é sentir falta de uma paz que custou 5 milhões de mortos? Frases?... Não, não são frases, ou então elas carregam em si um terrível poder de destruição, pois, por tê-las escrito com dificuldade, em algaraviada de iletrado, o Senhor Hitler pôs fogo na Alemanha.

*

Peço perdão por lhes trazer de volta essas lembranças, não encontro outra maneira de fazê-los entender o infortúnio do meu país, não para implorar sua indulgência ou sua compaixão, mas para adverti-los contra esse infortúnio, pois ele ainda não desenvolveu – ai! – suas últimas consequências. É uma ferida envenenada no flanco da Europa. Enquanto o sangue heroico for vertido, a infecção talvez não seja sentida, mas quando vocês tiverem vencido, ingleses, a infecção envenenará a paz. Não sou daqueles que vêm lamuriando e chorando, como se nossa hedionda aventura fosse apenas um mal-entendido, um quiproquó. Digo que há algo de podre em nosso povo, e, ainda que o germe da podridão tenha sido disseminado pelo mundo, insisto que esse foco de contaminação é o mais perigoso, e que deve ser tratado como tal. Não é uma questão de fazer emplastro, pensando que, no fim das contas, oxalá a França se mantenha tranquila até o fim, e as vitórias tirarão vantagem de uma convalescença que a manterá descartada da vitória. Em 1917, vocês tiveram o mesmo raciocínio a respeito da Rússia, o que não lhes trouxe felicidade. A França não aceitará a vergonha. Sem fazê-los gastar muito de sua imaginação, vocês podem facilmente prever o estado da opinião universal ao fim de uma guerra sangrenta. Esses que hoje sorrateiramente impelem a França rumo às ditaduras nos condenarão mais severamente que os outros, em nome da moral e da religião. O nosso mau exemplo perverterá consciências puras e sem mácula, enganando a boa-fé, a piedosa candura do alto clero italiano, e lançará ao erro almas retas como a do general Franco ou a do general Antonescu. A solidão moral do meu país seria, nesse caso, um dos dramas mais dilacerantes da história. Meu país não suportará o drama sem ter horríveis convulsões. Meu país não suportará o opróbrio, e suportará menos ainda a piedade. Meu país não se revelará, não haverá de se encontrar novamente depois da vitória; deve encontrar-se antes. Deve salvar a si mesmo, enquanto ainda é tempo; deve ajudar-se a libertar a si mesmo pelo ferro e pelo fogo, em vez de instalar o que vocês chamam, tão comicamente, de "elementos da ordem", que são, precisamente, os corruptores. Certos jornalistas católicos do Canadá, a quem a cruzada espanhola fez perder o pouco de julgamento que lhes havia sido atribuído pela Providência, felicitavam-se há um ano pelo fato de o armistício do Marechal Pétain ter salvado a França das desordens sociais. O futuro reserva muitas surpresas a todos os imbecis cuja vocação é sacrificar cegamente as realidades pelas aparências, as consciências pelos prestígios e a salvação do rebanho pela tranquilidade dos pastores. Não cometam a loucura de desejar que a França seja macerada na desonra nem por mais um dia! Uma França desonrada não terá mais recursos para o bem; restarão a ela numerosos recursos para o mal.

Ingleses, acreditem em mim: seus realistas zombam de vocês quando pretendem julgar a importância dos eventos tão somente pelas consequências políticas. As consequências imediatas enganam e, para prever as consequências distantes de um fato histórico, mais vale tentar conhecer sua ressonância nas consciências. E o grau dessa dissonância se mede menos pela gravidade do erro que pela dignidade dos culpados, pois é sua dignidade que cria o escândalo. A desgraça deste mundo é que tantas indignidades, há meio século, tenham sido dignamente cometidas por homens dignos. Os homens dignos foram um dia pouco conhecidos pelos pobres-diabos. Como as estátuas dos santos ou as relíquias transportadas pelas cidades apenas em ocasiões solenes, os grandes da terra mantinham-se cuidadosamente abrigados das curiosidades indiscretas; sabiam que, segundo um velho ditado, não existe grande homem para seu criado de quarto. Hoje, graças à imprensa, todo leitor médio, ao preço de cinco tostões, pode ter mais informações sobre seus mestres que seus próprios criados. Esse fato capital não deveria, de qualquer forma, escapar aos espíritos de reflexão, vocês não acham? O resultado é que não apenas as indignidades dos homens dignos não podem passar despercebidas, mas eles devem explicá-las, perdoá-las, justificá-las perante o público. E, como na vida o cômico nunca está muito longe do trágico, é possível que o drama se transforme em farsa; os espectadores não se cansam de ver todos esses importantes personagens – outrora esculpidos nos átrios das catedrais – ir e vir, com os olhos fora das órbitas, a mão no peito, explicando seu caráter, enxugando a testa, como os colegiais surpreendidos em erro. O que digo dos grandes da terra, poderia dizer também das classes dirigentes, das elites. No ponto em que o mundo se encontra, mantidos sob o feixe dos projetores, o microfone sempre ao alcance dos lábios, visados dia e noite por milhões de câmeras, é preciso que os grandes se decidam a ser grandes, que as classes dirigentes se decidam a dirigir. De hoje em diante, não se fará mais o golpe de Munique.

*

Os que me dão a honra de me ler sabem que não sou, de forma alguma, um panfletário. Já me aconteceu, por vezes, de passar por um, pois denunciava com violência os medíocres julgados por todos como insignificantes. E certamente o são, com efeito, mas não pelos males que engendram. A obstinação, a suficiência e a tolice são o princípio de toda desgraça, e quem duvida certamente nada entendeu da natureza, da história, nem da sua própria vida. Mas os imbecis só prestam atenção ao que lhes causa medo e não têm medo senão da violência, enquanto a violência é quase sempre uma reação contra a tolice, ou seja, contra a injustiça. O homem medíocre de inteligência e coração comete, todos os dias, certo número de injustiças, e mesmo que cada uma tenha a dimensão de uma formiga, que importa? Se deixarem os parasitas se multiplicar, eles devastarão a terra. As formigas não causam medo a ninguém, nem por isso deixam de ser as autoras de devastações imensas, incalculáveis, como acontece um pouco demais neste país. "Ou o Brasil acaba com as formigas, ou as formigas acabam com o Brasil": a frase de um brasileiro célebre tornou-se aqui um ditado nacional.

A França foi vítima de uma espécie de medíocres ainda mais temíveis, pois pareciam inofensivos, ou até benfeitores. Oh, ingleses! Vocês só tinham olhos para os danos exteriores, olhavam com espanto os homens da desordem que passeavam com tochas em torno de nossa antiga casa; mas a verdade é que já sabíamos havia anos que ela estava arruinada por dentro, pelos mesmos que víamos montar guarda nas seteiras e pareciam defendê-las. Talvez pensassem efetivamente defendê-la, enquanto defendiam apenas a si mesmos, ou seja, seu prestígio ameaçado; talvez pensassem, de boa-fé, à sombra da falência iminente, dever salvar ao menos seu prestígio, custasse o que custasse... Como escrevi mais acima, não existe homem que não carregue um pouco de sinceridade na mentira, e é por essa sinceridade que se pode esperar conhecer o homem, é essa brasa ainda avermelhada sob as cinzas que se deve assoprar para ver a si mesmo com mais clareza. A experiência me provou tarde demais que não se podem explicar os seres por seus vícios, mas, ao contrário, pelo que guardaram de intacto, de puro, pelo que resta neles da infância, por mais profundamente que se deva buscar. Entendam bem que não falo aqui do Senhor Laval ou do Senhor Derlan, nem de nenhum dos que se assemelham aos dois. Esses políticos exploraram o derrotismo, assim como exploraram o espírito de vitória; a vida desses ambiciosos não foi mais que uma aposta, apostaram dessa vez na covardia, eis a verdade. Mas é impossível que um fato não lhes tenha atordoado. Acreditou-se que nossa debandada militar determinou uma segunda: a de nossa consciência. Se o espírito de debandada tivesse atordoado todas as consciências, teríamos visto cederem os menos defendidos, os mais grosseiros, os mais frustrados. Ora, não foi assim que aconteceu. O armistício não foi o golpe de desespero de um parlamentário enlouquecido, mas um ato refletido, friamente perpetrado, com a autoridade compassiva e, no entanto, inexorável de um meirinho que procede a um embargo, de um cirurgião que abre um abscesso doloroso. Não digam que esse marechal tão curiosamente transformado em executor impassível do julgamento do inimigo se esforçava para interpretar com decência a renúncia cega de uma multidão aterrorizada; seria ainda mais errado de sua parte. Nem o Senhor Marechal Pétain, nem ninguém, pôde libertar Paris de uma única vez, a armada e o Império sem o apoio de uma fração importante da opinião pública, e essa parte da opinião estava perfeitamente consciente de sua responsabilidade. Houve, sempre houve um partido do armistício, da resignação, da demissão, e esse partido não foi recrutado entre a massa ignorante de nosso povo, vocês sabem disso agora como sei eu, assim espero. Se a palavra elite ainda tem um sentido, a palavra foi recrutada entre as elites, e é até mesmo uma elite da elite. Acham que exagero? Não. Foi-nos permitido acreditar, por exemplo, que, por terem certas medidas democráticas aumentado consideravelmente o número de oficiais advindos da casta e que pareciam exercer sua profissão mais como pequenos funcionários necessitados que como soldados, esses militares seriam os primeiros a apoiar uma política evidentemente sem prestígio. Mas foram, ao contrário, os oficiais mais instruídos, mais notáveis, foi o corpo aristocrático e conformista da Marinha que se pronunciou espontaneamente, apaixonadamente, raivosamente, em favor da Paz a qualquer preço.

*

Ingleses, esta não é uma queixa contra nossas elites. Os demagogos condenam as classes dirigentes por dirigirem; e eu os condeno por não dirigirem o suficiente, por terem perdido o sentido das responsabilidades de comando. É grotesco ver, há seis anos, os mesmos homens que se vangloriam de representar, de encarnar o princípio de autoridade – chefes de indústria, militares, aristocratas, gente da Igreja – proclamarem a necessidade das ditaduras, uma vez que isso é, ao mesmo tempo, proclamar sua impotência. Nunca se viu algo assim anteriormente. A ditadura sempre foi, ao longo da história, um instrumento grosseiro e poderoso, feito para o uso das massas, o único meio que tiveram para impor brutalmente uma vontade que se sentiam incapazes de expressar, ou mesmo de conceber claramente. "Nós lhe damos nossa força, dizem eles ao ditador, depositamos em você nossos furores e nossas esperanças, seja nosso cérebro!" Por esse motivo, uma ditadura do proletariado pode ser um fenômeno lamentável, e não é menos conforme à natureza das coisas. Vocês não esperavam que os mujiques russos se constituiriam em república aristocrática ou em monarquia corporativa sobre os restos apodrecidos da administração tsarista, pois esses regimes complicados não eram muito acessíveis aos pobres-diabos bruscamente libertados de seus mestres; e, no entanto, também não esperavam – ai! – os hábitos e vícios de uma longa servidão. Que as elites ousem pregar esses métodos elementares de governo com entusiasmo, enquanto não têm precisamente uma razão de ser senão tornar possível uma organização política superior, haveria aí um motivo para perturbar o espírito, se soubéssemos a chave do enigma: o que as elites degeneradas esperam da ditadura é que ela assuma para si os riscos do poder e que lhes deixe o prestígio e o lucro.

*

O drama de meu povo é um drama de consciência, a consciência de meu povo foi humilhada. Não nego que a culpa nos seja comum, mas é certamente legítimo questionar primeiramente os que por condição, educação, vocação passavam aos olhos de todos como a mais alta expressão dessa consciência nacional. Não cometerei a fácil baixeza de atribuir aos pobres-diabos semiconscientes ou inconscientes a responsabilidade de uma crise de consciência! Não pretendo de forma alguma tampouco fazê-los ver essa crise como eu mesmo a vejo; desejo apenas que vocês se esforcem para julgá-la segundo sua inspiração, em lugar de se colocarem, como fizeram até aqui, no julgamento de histriões de letras ou de profetas de salão, que vocês consideram ingenuamente como pensadores por terem escrito livros, ou mesmo como homens do mundo porque outrora bebiam seu chá no Ritz... Eles lhes dão, evidentemente, o que vocês lhes pedem, fornecer é tarefa deles, é sua condição; eles lhes fornecem conclusões tranquilizadoras, fazem do desastre francês um falatório como os outros, um escândalo político e mundano lhes permite sentir-se orgulhosos de não terem permanecido estrangeiros. Ingleses, peço a vocês, deixem esses idiotas na sala dos fumantes, no lavabo, na *nursery*, em qualquer lugar; falemos de homem para homem. É normal que uma velha nação que dominou a Europa dê, bruscamente, o espetáculo não apenas de desmoronamento militar total, mas mil vezes mais inesperado de uma crise de humilhação voluntária, coletiva, aos pés do vencedor, do qual não é exemplo em toda nossa história, nem mesmo em toda nossa literatura, com exceção talvez das *Confissões* de Jean-Jacques, literatura esta que evocaria mais as concepções desvairadas do romance russo? Nenhum povo, nem o seu, nem o meu, está protegido do desespero. Que um povo se desespere, de acordo! Nenhum povo deixa de ser ele mesmo no desespero, desespera-se à sua maneira e, por mais desfigurado que esteja pela angústia, nenhum dos que o amaram hesitaria em reconhecer o acento de uma voz familiar, os traços de um rosto querido. Mas por que escrevia eu esta missiva de desespero? Se meu povo se desesperasse hoje, desesperar-se-ia então como nunca se desesperou: seu desespero seria, para nós todos, uma decepção ainda mais amarga que a derrota. Para dizer a verdade, não parece se desesperar, não parece esperar mais, ele sofre, parece encontrar em sua docilidade ao fato consumado, à punição recebida, à expiação imposta, uma espécie de horrível fidelidade. Nem sequer parece arrepender-se de ter sido grande, mas apenas de ter acreditado ser grande; sente-se na humilhação como se sente em sua própria casa, ali se atarefa e mostra uma atividade quase alegre, como se a famosa política da "segurança acima de tudo", com a qual cansou o mundo durante vinte anos, lhe revelasse, enfim, seu sentido profundo, atingisse enfim seu objetivo: a segurança na renúncia e no esquecimento.

*

Vocês talvez me digam que os povos não estão menos sujeitos que os indivíduos a certos desmoronamentos da personalidade, que desnudam bruscamente as partes vergonhosas da alma. Mas vocês conhecem nosso povo, e também eu o conheço. A miséria extrema o fez, de repente, brutal e cínico, às vezes cruel. Nunca nele se viu esse ar de decência na servidão, essa manutenção sorrateira, essa superfície de devoto surpreso que em uma casa fechada professa suas boas intenções, o desígnio que formou, com a inspiração do céu, para trazer ao bem, à religião, à misericórdia, o gerente do local, sua esposa, as donzelas e seus chulos. Meu país tem o ódio de Tartufo, ou talvez seja mais bem defendido por ele que pelo ódio, nunca lhe fez a honra de levá-lo a sério; a hipocrisia não tem poder sobre nosso povo, pois o faz rir. A última contradição de que é capaz é tornar-se ridículo a seus próprios olhos, fazer-se de falso beato, falso devoto.

*

É possível que essas verdades firam muitos de vocês, ingleses. Os que os traem agora pertencem à mesma espécie que vocês conduziram à Itália, que ainda insistem em conduzir à Espanha, que conduzem ao seu próprio país. Ai! É o vocabulário que liga os homens entre si, e o vocabulário desses assemelha-se ao seu. Eles os traem, se assim me é permitido falar, nos mesmos termos em que vocês os defenderam, no caso em que o interesse deles tenha sido defendê-los. A política deles não lhes lembra nada, de verdade?... Que curioso. Ela me faz pensar muito no sistema de não intervenção espanhola. E essa famosa Nova Ordem, vocês também não a reconhecem? No entanto, nós a inauguramos juntos. Mas era o Senhor Bénès que servia então de vítima propiciatória, e, se não tivessem mantido a faca ritual, teriam tornado a vestir, como nós, o vestido branco dos neófitos. Vocês receberam parte do sangue purificador. Que eu ouse comparar os fracos com os violentos não lhes parece muito estranho? Sabemos bem, no entanto, que a violência não é uma forma de fraqueza. Quando um homem proclama que a força o coloca acima da honra, posso apostar, sem hesitação, que a fraqueza o colocará abaixo, que a fraqueza ou a força lhe darão exatamente o mesmo pretexto para negar seus engajamentos. Não existe, a propósito, nada de mais risível que observar as caretas e as contorções que um número tão grande de católicos faz hoje para escapar dessas evidências. Eles me permitiram até mesmo adicionar que pela fraqueza do próprio governo de Vichy para com seus vencedores poderíamos facilmente medir sua violência e ferocidade na repressão se amanhã se saísse vitorioso de uma guerra civil com apoio do estrangeiro.

Que importa! Apesar de tudo, vocês continuarão jogando suas próprias culpas e as nossas nos pobres-diabos; vocês repetirão que as massas se tornaram ingovernáveis, sem jamais – jamais, jamais – se interrogarem se as elites não tinham, elas mesmas, se tornado incapazes de governar. Eu não poderia compartilhar de seu sentimento nesse ponto; ele me inspira repugnância física, assim como, espero, a todo francês bem-nascido. Vocês são uma raça de meninos intrépidos, mas nós somos menos aventureiros que soldados, somos uma raça militar, sabemos, por instinto, que é desonroso para um superior descarregar seu erro naqueles que comanda. E se essa razão não lhes for suficiente, direi que sou cristão. Como cristão, nenhum escândalo poderia me atingir diretamente, mesmo que me viesse do Sumo Pontífice, pois me conheço, conheço as profundezas do homem, mas o pensamento do escândalo dado à gente pequena me é, literalmente, intolerável. No fim das contas, por que vocês não estariam de acordo comigo? Vocês ainda condenam o povo francês por não ter outrora acreditado no prestígio militar, eclesiástico e mundano que atribuiu a si mesmo e pôs a serviço do inimigo?

*

O drama de junho de 1940 poderia ter sido, a exemplo do drama de 1918, um drama de esgotamento físico e nervoso, a última crise de um longo processo de enfraquecimento. Mas estávamos derrotados, não esgotados. Também poderia ter sido um gesto de desespero: o campeão renunciava, o Senhor Marechal Pétain jogava a toalha. Esta última hipótese não lhes agradou imediatamente por sua simplicidade. Restava-lhes apenas mostrar indulgência esportiva ao boxeador, vítima de um momento de fraqueza. Coisa estranha! O velho técnico acolhia sua cordialidade com frieza extrema. Vocês provavelmente diziam que um *gentleman* sempre se incomoda um pouco na expressão de sua gratidão; vocês não duvidavam que ele estava calculando a soma da receita, com o desígnio secreto de colocá-la inteira no bolso.

*

Feita a reflexão, caros amigos, ter-lhes-ia sido mais vantajoso, a partir desse momento, que se dirigissem diretamente ao boxeador, ou seja, ao povo francês, denunciando-lhe seu técnico astuto. O golpe de força do Senhor Laval, cuidadosamente concluído em Roma e em Madri, tinha poucas chances de ter êxito sem o apoio do marechal, a caução do marechal era indispensável ao Senhor Laval; vocês abstiveram-se de discutir seu valor. Era o marechal quem caucionava o Senhor Laval, e vocês caucionavam o marechal, que caucionava Hitler. O excesso de respeito demonstrado por vocês ultrapassou todas as medidas. De tanto ouvir falar do vencedor de Verdun, poder-se-ia ter acreditado que o armistício não foi assinado apenas por esse militar, mas pelos 350 mil mortos do ossário de Douaumont. "Com os diabos!, diziam a si mesmos os franceses, estávamos pouco tentados a acreditar que não tínhamos sido francos. Mas uma vez que os próprios perdedores nos convidam a ver no marechal a encarnação de todas as virtudes civis e militares, seríamos idiotas de guardar escrúpulos. Um velho senhor tão distinto não pode, evidentemente, nos ter convidado a trapacear."

Ingleses, vocês trataram o marechal com deferência. Mas trataram com ainda mais deferência, na pessoa do marechal, homens desse tipo que se dizem honestos, gente honesta, homens dignos, *hombres dignos*. Ao contrário do Senhor Laval ou do Senhor Darlan, que não representam absolutamente nada além deles mesmos, o Senhor Marechal Pétain representa admiravelmente a classe da qual vocês esperavam a referência, pois, proclamando-se média, essa classe lhes parece provavelmente a mais difícil de seduzir. Erro crasso! Essa classe é, ao mesmo tempo, incrédula e desconfiada, cética e limitada, como lhes poderiam dizer, a propósito, quaisquer corretores de banco ou agentes de seguros acostumados aos seus regateios. Oh! Entendo bem! Vocês pensavam que, contanto que respeitassem sua suscetibilidade, essa brava gente que, tomada à parte, é composta apenas de homens honestos – incapazes de assinar um cheque sem fundos, com os pagamentos sempre em dia – acabaria, mais cedo ou mais tarde, por admitir que é desleal romper um contrato de associação, com o propósito claro de tirar dessa ruptura a melhor vantagem possível. Novo erro, erro ainda maior! Vocês esquecem que, em tudo que não é claramente definido pelo Código Civil, aprovado ou reprovado pelo Código Civil, esses personagens gostariam de depender apenas de sua consciência, e vocês têm dessa consciência uma ideia ora indulgente, ora extremamente severa. Tal consciência pode impedi-los de cometer uma infâmia, mas a infâmia, uma vez cometida, não os convencerá a admiti-la, pois tal confissão desacreditaria seu prestígio, e o prestígio deles é o da Ordem, da Moral, da Religião. Muitos deles foram criados no catolicismo; a gente da Igreja os instruiu de maneira honesta. Infelizmente, não retiveram suas lições – há uma grande maioria de paroquianos medíocres –, foi o espírito da gente da Igreja que os marcou, e que homem da Igreja – qualquer Igreja – já assumiu seus erros? Ingleses, vocês deixaram passar o tempo em que ainda era possível fazer vergonha a essas almas fracas, vocês lhes permitiram ter tempo para construir uma moral e, agora que estão excomungados, vocês não os colocarão para fora. Existe uma moral do armistício, existe uma moral da colaboração, existirá amanhã uma moral da aliança econômica e militar; tal moral obterá, como todas as outras, a sanção favorável das autoridades espirituais. Todas essas pessoas estão perfeitamente em paz com sua consciência, eis o que vocês não querem entender. Elas refizeram sua vida tranquilamente, nem mesmo guardaram uma lembrança ruim de vocês, tudo que gostariam era saudá-los na rua quando os encontrassem, pois são muito apegadas às conformidades. Não quero dizer que gostam de vocês, mas perdoariam de bom grado o mal que vocês lhes fizeram se consentissem em não mais falar a respeito; e o que censuram em vocês, principalmente, é o fato de as incomodarem enquanto trabalham, de impedi-las de trabalhar, pois a liquidação de uma falência é tarefa difícil, um trabalho para um contador experiente, um atuário e, quando vocês vêm discursar sobre a honra, sentem rancor por lhes terem feito perder por uma ninharia tudo que acumularam. Bem longe de intimidá-las, vocês confirmam a boa opinião que têm a seu próprio respeito; vocês lhes dão o regozijo interior vivido por um velho tabelião ao escutar as declarações embaraçadas do sobrinho que acaba de lhe passar a perna. Têm orgulho de ser muito mais honestas que vocês, e são honestas à sua maneira: não venderiam a França por um centavo a menos do que vale, com inventário conforme a lei; pediriam dispensa de tudo, não se permitiriam sequer guardar como lembrança um pedaço do estandarte de Austerlitz ou de um único herói morto – nada, digo-lhes. Elas não têm honra, mas têm uma consciência; o caso é muito menos raro do que se pode imaginar. Não têm honra, admitirão talvez de bom grado; certamente, não sentem a menor vergonha. Estejam certos de que já fizeram cuidadosamente as contas de tudo que a honra, o preconceito da honra, os vãos escrúpulos da honra custaram à França em mil anos, e de que poderiam lhes dizer, em poucas palavras, exatamente o que os desperdícios valeriam em bezerros, vacas, cordeiros, asnos, zebus, estradas e obras de arte – em gastos úteis, enfim. Elas não têm honra, mas têm uma consciência. Oh, ingleses! Escrevi, em outra carta, que vocês mantinham relações muito corteses com sua consciência, mas o trabalho que elas têm com a própria consciência mais parece a de um solteirão que se casou com sua servente. Elas têm uma consciência e, longe de esperar lições dela, pretendem, ao contrário, não perder nenhuma oportunidade de lhe dar uma lição; não suportariam que sua consciência lhes faltasse com o respeito, que se comportassem com elas como uma espécie de consciência emancipada, revolucionária, que falasse sem ser interrogada. Em troca, não exigem dela senão um trabalho doméstico, uma tarefa de arrumação, gavetas em ordem e chão bem encerado.

*

Essas pessoas não são monstros, de forma alguma; sua espécie é familiar a todos nós e a nossos familiares, dentre os quais contamos parentes, amigos. Tal espécie tem qualidades próprias, virtudes, e é mesmo capaz de realizar certos sacrifícios, contanto que estejam dentro de suas capacidades. Não se poderia imputar-lhe um crime, pois, tendo nascido para poupar, reservar, conservar, essa espécie se conserva, reserva-se e poupa a si mesma, à custa de um mundo que deve admitir ser incapaz de reformar. Não cabe a mim condená-la, tento simplesmente fazer meu trabalho de modesto observador social, esforçando-me para estabelecer suas responsabilidades na catástrofe que ameaça a existência do meu país. Não espero, de forma alguma, que o mundo seja salvo pelas massas, pelo instinto das massas, pelos "movimentos de massa", como afirmam, em sua ridícula linguagem, os pequenos intelectuais burgueses do comunismo. O mundo será salvo pelas elites. O desastre do meu país é a prova de que as elites devem ser refeitas ou, melhor dizendo – pois elas existem –, deve-se refazer-lhes um espírito, restituir-lhes uma alma. Se eu tivesse escrito estas linhas há dois anos, vocês teriam zombado de mim. Mas vocês também teriam zombado de mim se eu tivesse dito, na mesma época, o que pensava sobre nosso embaixador em Madri, o Senhor Marechal Pétain. Talvez alguns de vocês, mais perspicazes, estivessem de acordo comigo quanto ao fato de que a consciência de nossas elites era um pouco vacilante; eles nunca reconheceriam que ela era falsa. Ela era falsa, sim ou não?

*

Enquanto, antigamente, ao falar assim das elites francesas – então exaltadas pela Cruzada espanhola e desejando ardentemente seguir esse nobre exemplo –, e eu exprimia respeitosamente minhas dúvidas, não sobre o que havia de brilhante e polido em sua consciência, mas sobre a solidez do metal, a qualidade de seu caráter, convidaram-me, ironicamente, a comparar essa consciência com a consciência operária. Mas isso era como um argumento de advogado. Se a consciência operária tivesse sido ainda mais grosseira, o risco, ao que me parece, teria sido muito menor. Nem todas as peças de um motor são feitas do mesmo aço. A consciência das elites é uma peça de resistência e precisão; a matéria, a princípio, é irrepreensível. E, no entanto, não resistiu ao choque. Teria sido preferível que se quebrasse. Infelizmente, é falsificada. O motor ainda funciona, e a cada explosão uma biela se solta no cárter.

Sabemos bem que é preciso um pouco de carvão a mais ou a menos para modificar a coesão molecular de um aço de primeira mão. À consciência de nossas elites, faltava um elemento indispensável, ou, ainda que o tivesse, não era em quantidade suficiente. Faltava-lhe o sentimento de honra. A deficiência é antiga. Nossa elite é burguesa e a burguesia sempre desconfiou da honra. O caráter absoluto da honra choca seu gosto pela moderação, pela medida. Nisso, ela se aproxima dos devotos, que não veem no orgulho senão uma armadilha. Além disso, o nome em si faz-lhe lembrar-se de antigas humilhações ainda vivas, de tempos findos em que o comércio era mantido pela perda de nobreza; a honra soa, a seus ouvidos, como uma palavra da nobreza que a burguesia tanto odiou, de quem tanto sentiu inveja. Enfim, a honra é naturalmente pródiga e avara nas entranhas, permanece avara mesmo no luxo impudente; a burguesia pode ser desperdiçadora por vaidade, por insolência, ou mesmo por virtude, mas nunca por gosto, por vocação, pelo prazer liberal e magnífico.

*

Ingleses, não quero aqui dar uma aula de história da França; julgaria humilhante defender o passado do meu país diante de vocês. Não quero dizer que esse passado tenha sido sempre irrepreensível. Deus me livre! Mas esse passado abundou em honra. Os homens de minha raça amaram a honra a um ponto ridículo, absurdo; foram, se me é permitido dizê-lo, desonrados pelo apego à honra. Também não quero dizer que desdenhavam do dinheiro, que o jogavam pela janela tão facilmente quanto os poloneses ou os russos. Mas, assim que um francês passava a ter uma condição um pouco melhor, enrubescia diante da possibilidade de parecer-se com um daqueles a quem eram reservadas as palavras mais injuriosas da língua: um avarento, sovina, somítico, forreta, mesquinho, unha de fome, ganancioso, pão-duro, mão de vaca. Para vocês, a avareza era um defeitinho de homem nobre. Para nós, é e foi sempre um vício de patife. Os romancistas do século XIX tornaram lendária a avareza de nossos camponeses em todo o mundo. Para eles, esse vício é muito mais recente do que se pensa. Os escritores de outrora nos deixaram dos camponeses a imagem de homens vigorosos, ingênuos e calculadores, prudentes na cidade, autoritários nos vilarejos e em casa, sóbrios por necessidade, comilões e beberrões quando tinham a oportunidade de sê-lo, curiosos e hospitaleiros. Assim os via Jean-Jacques Rousseau às vésperas da Revolução. Mas a nova organização capitalista talvez os tenha feito sofrer mais que qualquer outra coisa, pois, mantidos fora da enorme especulação, assistiram ao espetáculo degradante, ao repugnante contágio. O camponês tornou-se avaro à medida que se descristianizava: a coincidência é impressionante. O camponês da antiga França era, certamente, um economizador de seu tempo, de suas terras, de seus animais, mas tão pouco avaro com sua moeda que os traficantes levaram mais de meio século para dispersar os tesouros acumulados em nossos vilarejos, as magníficas e ingênuas faianças, os móveis esculpidos em madeira bruta, e mesmo os bordados e rendas, os xales e coifas que as burguesas elegantes disputavam pelos mais altos preços. A antiga França era cheia de generosidade, de honra. A antiga França era uma cristandade heroica, uma cristandade camponesa e militar; eis o que vocês devem entender. E vocês devem entender também quanto, nessas condições, o advento da burguesia, a constituição do Estado burguês e da ditadura do dinheiro foram uma operação difícil. A despeito de todos os erros cometidos pela monarquia desde Luís XIV, os quais lhe abriram o caminho, a burguesia precisou de uma revolução sangrenta, apoiada, a propósito, pelo estrangeiro e paga por vocês, ingleses, a qual significou o desmoronamento de nossas finanças e de nossa moeda nacional, a espoliação ou o banimento, uma queda quase absoluta dos valores religiosos, morais, sociais, a destruição, ou ao menos a difamação sistemática dos antigos costumes e suas mais humildes expressões tradicionais: os hábitos, o patoá e as canções. O advento da burguesia nos custou tudo isso, ingleses, e ela teria ainda falhado em seu empreendimento se a mão de ferro de Napoleão não lhe tivesse constituído esse ambiente político, jurídico, administrativo dentro do qual viveu.

*

Ingleses, estas considerações históricas, de forma alguma, desviam-me do meu assunto. Enquanto os políticos e os diplomatas continuarem indiferentes à psicologia das nações, julgarão a psicologia das nações como a dos governantes efêmeros ou como o resultado das últimas eleições, serão vítimas de aventureiros como o Senhor Hitler, e, se não têm o conhecimento claro e lúcido dessa psicologia, ao menos têm dela uma intuição grosseira e genial. O Senhor Hitler tinha exatamente a mesma ideia que eu do profundo desacordo, progressivamente agravado a cada dia, entre a massa de nosso povo e suas elites. Sua genialidade foi focar todo o esforço do trabalho de corrupção não nas massas, cuja reputação é a de serem mais facilmente enganáveis, mas nas elites. Concentrou-se nas consciências de reputação mais sólida e subornou aquelas que pretendia corromper desesperadamente, colocou-as em contradição consigo mesmas; opôs umas às outras em verdades parciais, multiplicou as antinomias, graças a uma casuística realmente demoníaca. Todo homem ou toda nação pode, um dia, encontrar-se gravemente ameaçada em sua unidade moral diante de certas aparentes contradições de dever, e os santos ou os heróis não estão isentos de tais provações. Não se poderia vencê-las pela discussão, só é possível superá-las pelo preço de um risco total, de um engajamento total do ser. É a honra que assume esse risco, é a honra que reage por nós. O Senhor Hitler sabia que nossas elites reagiriam apenas com hesitações. Se Joana d'Arc tivesse reagido de maneira hesitante diante dos juízes do tribunal de Rouen, os teólogos especialistas teriam facilmente conseguido convencê-los. Mas Joana d'Arc lhes respondeu com seu juramento. O próprio Diabo, o maior dos teólogos e casuístas, nada podia contra um juramento. O Senhor Hitler sabia que nossas elites eram incapazes de ter essa reação de honra elementar, que discutiriam os riscos com o propósito de se resignarem ao mínimo, quando o mínimo corria o risco de perecer com a honra. Nessas horas, que importam os méritos e as virtudes que afetam as pessoas de Vichy? Que importa, mesmo que suas boas intenções sejam sinceras? Mesmo que vestissem todos eles o capuz para rezar o pai-nosso noite e dia, eu os consideraria falsos monges, e os prelados que os abençoam, herdeiros legítimos do bispo de Beauvais. "Se abjurar, será condenada!", diziam cruamente os santos a Joana d'Arc. E se Joana d'Arc tivesse, com efeito, persistido na abjuração, na retratação, na submissão, se tivesse acabado sua vida em um convento, jejuado a pão e água pelo resto da vida, pergunto a vocês: que teria sido? Uma pessoa fracassada em seu heroísmo e em sua santidade, a pior espécie de pessoa fracassada.

Quando escrevo assim, desprezo absolutamente a aprovação dos políticos. Político que é apenas político sempre me pareceu pouca coisa, mas, hoje em dia, é apenas um imbecil. Suas receitas engenhosas são, no estado atual do mundo, tão vãs quanto seriam as de um agente de seguros oferecendo seus serviços a um infeliz que, ao ver sua casa pegando fogo percebe, por entre as chamas, sua mulher e seus filhos. Desprezo por completo a aprovação dos políticos. Mas o dia em que o Senhor Hitler for prisioneiro em alguma fortaleza, se lhe acontecer de ler estas páginas por não ter nada melhor a fazer para se distrair, pensará, sem dúvida, que eu o entendi muito melhor que o Senhor Chamberlain. O Senhor Hitler temia, acima de tudo, uma reação da honra nacional, e sabia bem que isto era algo que não podia esperar de imediato da massa popular francesa. As massas reagem com lentidão. Nosso povo é perfeitamente capaz de escolher a solução da honra, e pode-se dizer que com certeza a escolherá, contanto que lhe seja mostrada, ou não a encontrará senão depois de muitas voltas. E, a propósito, há um século nosso povo não vivia mais no clima da honra.

*

Ingleses, vocês são um povo de navegadores, de comerciantes. Nós somos um povo de camponeses; somos, para retomar a palavra de Péguy, um campesinato militar: esse fato tem enorme importância. O que eu disse mais cedo sobre nossos camponeses, poderia dizer sobre todos. O advento da ordem capitalista, a ditadura econômica, foi, para nós, um duro golpe. Os economistas que não sabem muita coisa sabem, ao menos, que o súbito, o prestigioso progresso da indústria inglesa, no fim do século XVIII, foi a causa principal das dificuldades financeiras de nossa monarquia, as quais seus técnicos não puderam resolver, pois tais dificuldades nunca haviam ocorrido anteriormente. A antiga ordem burguesa é oriunda da bancarrota, assim como a nova ordem burguesa do Senhor Marechal Pétain é oriunda da debandada. A queda do *assignat*[2] permitiu uma enorme especulação das terras, a expropriação em massa dos bens eclesiásticos e dos bens nobres, sancionada pela legislação napoleônica. Tal queda transformou a burguesia em mestra do Estado, dando-lhe o prestígio social indispensável e os recursos necessários às suas especulações futuras. A burguesia conquistou o poder, restava exercê-lo. Pode-se dizer, sem exagero, que a burguesia se encontrava na mesma situação de um novo-rico que, ao adquirir uma residência histórica, se pergunta que deve fazer para ser respeitado e honrado como os antigos mestres. Não, não, ingleses, isso parece muito simples hoje, mas não era tão simples impor ao nosso povo uma hierarquia baseada no dinheiro! Não, não, não era tão simples submeter o povo mais orgulhoso e mais independente do mundo à miséria comum, à miséria organizada e disciplinada das minas ou das indústrias, pois até então não conhecia senão as formas

[2] Moeda fiduciária criada durante a Revolução Francesa. (N. T.)

vagabundas e aventureiras da pobreza. E, sem dúvida, a burguesia dispunha da força, mas um burguês francês, nessa época, graças a Deus, não era nem fascista nem nazista! A ideia de legitimidade impregnou tanto o espírito da antiga França que esse novo-rico – como o próprio Napoleão –, por sua vez, sonhava apenas em se tornar um legítimo. Desejou não apenas ser obedecido, mas ser respeitado, honrado e, se fosse possível, sem que isso lhe custasse muito caro, ser amado. Não cometeu a loucura de pretender criar uma moral, assim como o Senhor Hitler; ao menos, esforçou-se para adaptar sorrateiramente a antiga moral à sua vontade, seus gostos, suas crenças. E, por exemplo, em um país em que a nobreza teve tanto prestígio, não tendo de mostrar por pergaminhos senão seus títulos de propriedade, o novo-rico fez da Propriedade um direito sagrado, um Direito Divino, enquanto o cristianismo o definira, simplesmente, como um encargo ou um dever. Ao fundar sua potência no controle quase absoluto do trabalho pelo capital, fez do trabalho uma religião. Quanto aos nossos bravos ancestrais, consideravam verdadeiramente o trabalho, assim como uma obrigação punitiva, uma expiação do pecado original. O burguês colocou-o devotadamente em altares, ao lado da Propriedade. "Trabalhar é orar", podia ele responder sentenciosamente ao menor, ao tecelão que reivindicava timidamente a liberdade de seu repouso dominical. Enfim, preocupado em manter os salários com as taxas mais baixas, mas em tranquilizar sua consciência propondo aos trabalhadores uma oportunidade de enriquecimento que corria o risco de diminuir seus próprios benefícios, fez da Poupança a terceira pessoa da Santíssima Trindade: Propriedade, Trabalho, Poupança.

*

Ingleses, admitam: tal mística vai necessariamente parecer um pouco pobre aos olhos de um povo que, desde o século XII, se definia da seguinte maneira, em uma oração imortal que lhes peço permissão de transcrever: "*Oh, Deus, que estabelecestes o Império dos Francos como instrumento de Vossa divina vontade no Mundo inteiro, o Porta-Espada e Muralha de vossa Santa Igreja, nós vos suplicamos que Vossa luz celeste proteja, em todos os lugares e sempre, os filhos dos Francos voltados a Vós, a fim de que, vendo o que deve ser feito para estabelecer vosso reino neste mundo, tenham forças para concluí-lo, com energia e caridade que nada poderá abater. Assim seja!*". Oh, sem dúvida, os franceses do século XIX na aparência não se preocupavam com o reino de Deus. Mas isso porque lhe deram outro nome: chamavam-no Liberdade, Igualdade, Fraternidade. Era a sentença que se encontrava inscrita em seus estandartes, e vocês pensam, assim mesmo, que os voluntários do Ano Dois não se teriam colocado em marcha pela Europa, em honra da Propriedade, do Trabalho e da Poupança, ao som da Marselhesa! Mostrei-lhes, há pouco, uma face da Revolução – ou seria melhor dizer uma face da exploração do idealismo revolucionário? Quem não quiser ver nisto uma explosão do fanatismo antissocial e antirreligioso comete uma grande injustiça contra nosso povo. Pois, afinal, foram os intelectuais burgueses da *Enciclopédia*, quase todos instruídos pelos RR. PP. Jesuítas, que provocaram contra o cristianismo a campanha de difamação preparatória à expropriação dos bens da Igreja. Toda essa gente tinha rancor apenas dos bens da Igreja e da moral do Evangelho, a qual ela achava, como o Senhor Hitler, um pouco idealista demais, em profundo desacordo com seu sentido prático e positivo da vida. Mas esse ponto de vista tinha poucas chances de ser aceito pelo povo francês. Na impossibilidade de levantar uma opinião popular, ao mesmo tempo contra o Evangelho e contra os párocos, fingiu-se exaltar o Evangelho para melhor oprimir os ministros, convencidos de trair seu espírito. Infelizmente, assim que o povo teve certeza de que os padres eram impostores, viu-os ser guilhotinados com prazer, como viu, quinhentos anos mais cedo, serem queimados os hereges ou as bruxas. Enquanto duraram as formalidades legais de expropriação, a burguesia não pôde, naturalmente, dar livre curso a tais sentimentos humanitários, mas, uma vez cumpridas as formalidades, começou a guilhotinar os guilhotinadores, que esperavam receber a coroa cívica por terem vingado o sans-culotte[3] Jesus Cristo contra os charlatões.

*

Perdoem-me falar nestes termos de um mal-entendido tão trágico, insistir em seu caráter bufão. Prolongou-se até nós, ainda que sob aparências diversas. Poder-se-ia dar um título a esta farsa, ao mesmo tempo cômica e sangrenta: "Viagem Pela História de uma Burguesia Realista e de um Povo Idealista". A burguesia realista não esperou o Senhor Mussolini para acreditar em seu realismo. Crê nele, ama-o, sempre se desolou ao ver tanta gente insensível às evidências cartesianas. Não deixou de mostrá-lo, toda vez que a ocasião lhe parecia favorável, mas o povo francês o acolhia com tanta frieza que a burguesia era forçada a recolocar seu deus imediatamente na caixa-forte, a inventar um novo idealismo o mais rápido possível. À falta de adeptos aos seus frios mistérios técnicos e politécnicos, a burguesia tinha de suportar em silêncio as deformações impressionantes que o povo francês fazia sofrer às suas ideias mais caras, a burguesia se condenava, assim, a uma sucessão de imposturas: à impostura napoleônica, à impostura democrática, à impostura do Progresso. Era, por exemplo, ao Napoleão do Código Civil a quem quis assegurar o prestígio e a proteção, mas era ao Napoleão lendário a quem se dirigia toda a adoração do povo francês, e foi preciso que ela permanecesse vinte anos, de bom ou mau grado, prisioneira de uma epopeia militar, a que associava as cerimônias de um novo culto, o qual ela temia em seu coração. Com a febre perigosa de glória apaziguada, a burguesia acreditou encontrar no governo de Luís Filipe a consagração definitiva de uma ideologia de repouso absoluto, de uma ideologia razoável, a realização pacífica da famosa frase: Propriedade, Trabalho, Poupança. A democracia era um sistema a seus olhos. Ai!

---

[3] Denominação dada pelos aristocratas cristãos aos artesãos, trabalhadores e pequenos proprietários participantes da Revolução Francesa a partir de 1791. (N. T.)

Nosso incorrigível povo transformou-a imediatamente em uma fé, um risco, até mesmo um risco universal. Amedrontada pela crise passional, a burguesia não devia mais ter chance com o mito do progresso, emprestado dos sábios, garantido pela Ciência. Ao dizer "progresso", queria dizer desenvolvimento da indústria, multiplicação das máquinas, bem-estar e conforto. Mas os homens do povo não queriam saber de máquinas, bem-estar e conforto! Eles se apoderaram imediatamente desse pálido recém-nascido dos laboratórios, deram-lhe seu vinho mais forte, e ele se tornou, de uma só vez, entre seus braços sólidos, o redentor do mundo, o libertador dos povos, o Príncipe da Paz... A cada experiência, a burguesia consternada podia sentir falta do tempo em que esses homens vigorosos de imaginação exuberante, em vez de se apaixonarem por abstrações, adoravam simplesmente ao Bom Deus.

Desculpo-me por fazer a burguesia agir e falar assim diante de vocês, como um personagem de teatro. Sei bem que classe social é um organismo muito complexo, que essa classe é, em princípio, aberta a todos, que foi renovada diversas vezes nos últimos 150 anos. Foi seu espírito que não mudou. A concepção burguesa da vida, evidentemente, não a impõe à imaginação, mas não dá espaço ao contraditor, é maciça, curta, sólida. O que teriam, então, a lhe opor alguns milhares de homens do povo que, a cada geração, transpõem a entrada do santuário? Rapidamente, tornam-se burgueses, e talvez mais burgueses que os outros. Não foi esse o caso do Senhor Marechal Pétain, cuja origem é a mais humilde entre os humildes? Não, ingleses, longe de duvidar de si mesma, a burguesia se fortaleceu incessantemente na convicção de que pertencia à ordem, à decência, à dignidade, à lógica, ao dois mais dois é quatro. O que vocês querem objetar a pessoas que pretendem sempre permanecer no ponto de equilíbrio das forças, exatamente no meio das forças? "Nem reação, nem revolução" parece-me o próprio tipo de axioma irrefutável, uma vez que, feito por duas negações, por duas recusas, encerra qualquer discussão antes mesmo de propô-la. Bem longe de fazê-la duvidar de si mesma, suas decepções e suas desgraças lhe trouxeram precisamente o que ela esperava havia tanto tempo, sem ousar dizê-lo: a consciência indiscutível – ou mesmo religiosa – de sua legitimidade. Enquanto teve fortuna e controlou os governos, podia ainda enrubescer secretamente por sua origem. Nascida da bancarrota, beneficiada de uma expropriação colossal, tornou-se, é verdade, quase de imediato, a guardiã e o símbolo da Propriedade. Mas permaneceu muito tempo suspeita para a armada, contra quem representava o poder civil, para o clero, do qual invejava a influência e o prestígio, mesmo parecendo desdenhá-los. Eis que, agora, os progressos do socialismo a forçavam a romper com os compromissos, pois não teria sabido transigir no princípio da propriedade sem se perder com ele. Apoiada pela armada, abençoada pelo clero, a burguesia se sentia realmente, pela primeira vez, herdeira moral e espiritual daqueles que outrora a despojaram.

*

Tudo isso não foi, naturalmente, feito em um dia. É certo que os mal-entendidos eternos da burguesia com o povo tornaram-na forte e profundamente agressiva para com ele. Mas a burguesia não admitia. A palavra "reacionário" lhe causava vergonha, parecia desonrá-la aos olhos dos intelectuais. E quando os intelectuais começaram a reabilitar o nome e a coisa, a tentativa caiu no espanto; nas ideias de Charles Maurras, por exemplo, virou pilhéria provençal. Não que as ideias desse homenzinho enfermo, sagaz e perverso – um dos mais nefastos de nossa história – lhe desagradassem, mas a burguesia recorria à sua doutrina em segredo, como quem visita uma casa fechada. E foi assim que o Senhor Mussolini...

Julho de 1941

Ingleses, é preciso saber, é preciso compreender. Seus economistas e seus políticos pretendem analisar as lutas de classe por estatísticas, e eu lhes digo que as classes são compostas de homens que sofrem, amam e morrem, que os conflitos entre as classes, assim como os conflitos entre as nações, podem manter-se mais ou menos tempo como fenômenos econômicos, mas serão, mais cedo ou mais tarde, dramas passionais. Ingleses, o drama do meu país foi um drama de família: o trágico é muito mais prosaico do que se pensa. Sei bem que, falando como me presto a fazê-lo, chocarei alguns dos seus preconceitos, pois são os mestres que lhes ensinam a história. A história lhes é contada por membros do Instituto, que não têm nenhum senso de humor e não são, de maneira alguma, qualificados para arbitrar o que os próprios chamam desdenhosamente de questões de sentimento. Ora! O que eu já lhes disse sobre o nosso povo pode ser resumido em uma palavra. Ao longo de todo o século XIX, e enquanto acreditou – ai! – encontrar uma nova cristandade na Internacional Operária, um novo papa em Stálin, nosso povo era uma criança perdida. Vocês são livres para pensar o que quiserem da antiga sociedade francesa e não se recusarão a concordar que, em mil anos, o povo pôde criar nela uma morada, criar hábitos? Tudo o que estava ao alcance de suas mãos já tinha servido aos antepassados. Não pensem que o povo abandonou sua casa! Mesmo seus mestres lhes dirão que, em 1789, o povo não pretendia, de forma alguma, mudar de domicílio: foi a burguesia que o expulsou, eis a verdade, ao prometer-lhe uma nova casa – a Cidade Burguesa, em que, a propósito, o povo nunca pôde construir uma verdadeira morada. E essa casa era muito mais nova a seus olhos do que vocês poderiam imaginar, ingleses. Lênin tem toda a razão ao escrever que nossa Revolução Francesa, ainda que esteja hoje fora de moda, continua a ser o modelo de todas as revoluções porque foi, considerando-se as circunstâncias, muito mais radical que a revolução bolchevique, porque foi a que causou as mais profundas mudanças nas consciências. Uma vez que a antiga casa foi demolida, nosso povo tornou-se uma criança perdida, uma criança reencontrada. Foi a sociedade burguesa que o recolheu. Oh! Sem dúvida, vocês me dirão que, outrora, o povo encontrou refúgio na Igreja. Mas a própria Igreja perdeu, com o incêndio, seu prestígio e seus tesouros. Teve de fazer as pazes com a burguesia; era do orçamento do Estado burguês que agora tirava suas rendas, não tinha escolha senão convidar o órfão e obedecer aos novos mestres. Considerem, ingleses, que toda nossa organização operária, fruto do trabalho de tantos séculos, desmoronou-se também, como o resto; nosso povo não tinha mais títulos, papéis, nosso povo estava em estado de vagabundagem. “Considere-se muito feliz por eu não entregá-lo à policia, dizia-lhe a burguesia, eu o abrigo e o alimento. Trabalhe!” Não examinarei hoje como a burguesia abrigou e alimentou o povo, gostaria apenas de chamar novamente sua atenção para o mal-entendido que, desde então, não parou de desenvolver consequências, ao mesmo tempo trágicas e grotescas, com lógica impiedosa. Durante cem anos, a sociedade burguesa nunca compreendeu, evidentemente, por que tipo de vagabundo era responsável. Como não usava camisa, tratou-o como um primitivo, um selvagem. Não reconhecendo o valor social senão pela instrução e pelo dinheiro, voluntária e raivosamente ignorante quanto às superioridades de sangue, tentou educar o povo segundo seus métodos burgueses, sua moral burguesa. Mais acima, falei de uma história contemporânea à do meu país que se chamaria “Aventuras e Desventuras de uma Burguesia Realista e de um Povo Idealista”. Poderíamos lhe dar, ainda, outro título: “Decepção de um Pequeno-burguês que Recolheu, sem Saber, o Filho de um Grande Príncipe, Outrora Raptado

Pelos Ciganos". Vocês podem até me dizer que o tutor tem, em suas veias, o mesmo sangue que seu misterioso pupilo, mas o povo permaneceu natural ou, como dizemos na gíria parisiense, "espontâneo". O povo quase sempre age espontaneamente, de acordo com seu instinto, ou seja, segundo seus reflexos hereditários, enquanto a burguesia é uma criação. "Eu criei a mim mesmo", declara orgulhosamente o burguês novo-rico. A burguesia criou para si uma consciência, uma moral, uma política, um Espírito. Sua concepção da vida tornou-se, aos poucos, muito mais social que humana, e é precisamente pela qualidade humana que o povo vale alguma coisa. Como todos os aristocratas, o povo é um individualista nato. A burguesia o vê como um anarquista. Mas esse é exatamente o mesmo erro que a burguesia cometia a respeito de um Lyautey, de um Clemenceau, e que cometeria hoje com relação a qualquer grande homem da antiga França, pois esses homens não eram, de forma alguma, vistos como moderados a seus olhos. Oh, ingleses! Desespero-me por fazer-me entender por muitas pessoas, seja neste hemisfério, seja no outro, mas vocês, ao menos, sabem o que é um povo bem-nascido! A palavra "bem-nascido" não pertence naturalmente ao vocabulário da burguesia, e substituindo-a por "bem-educado", ela acredita ter-lhe encontrado um sinônimo. Ou, ainda, finge acreditar nisto. Antigamente, eu me perguntava como, tão orgulhosa em sua aparência de sua superioridade social, a burguesia pôde mostrar ao povo muito menos desdém que uma cólera impertinente, que se parece com uma forma dissimulada de inveja. A verdade é que a burguesia não pôde perdoar o povo por lhe ter feito duvidar de si mesma, de seus princípios, de sua sabedoria. Esse pupilo tão grosseiro, tão mal-educado, tão pouco conforme, evidentemente, à ideia que a burguesia tem do cidadão abastado, do "notável", e de quem esperava, como se espera o pagamento de uma dívida, a admiração humilde e fervorosa de Sexta-Feira por Robinson,[1] nunca se deixou impor por seu

[1] Referência aos personagens de *Sexta-Feira ou a Vida Selvagem*, de Michel Tournier. (N. T.)

prestígio e por suas grandezas. A burguesia gostaria de convencer-se de que o povo a invejava, mas a inveja não existe sem um sentido de admiração, e o povo, visivelmente, não admira a burguesia. Além disso, o povo a ridiculariza, e não é nem sua grandeza nem seu poder que ele ridiculariza. O povo ridiculariza a burguesia por não ter os sentimentos e as maneiras da autoridade, à qual não deixa de almejar. E a ridiculariza, em suma, com o mesmo tom, com o mesmo bom humor insolente que o do antigo rival execrado, o aristocrata, o nobre... Não exclamem! Vocês certamente viram muitas pessoas de nosso povo, mas talvez não as tenham visto como se deve, nesses momentos raros, tão preciosos, em que se descobrem as profundezas do homem. E – permitam-me dizê-lo – duvido que tenham visto muitos grandes senhores autênticos, homens da antiga França, mesmo porque a espécie se tornou bastante rara. Caso contrário, vocês não ficariam tentados a sorrir enquanto afirmo que um burguês verdadeiramente burguês é tão deslocado, incongruente, em uma choça ou em um castelo, que sofre, nesses espaços, o mesmo complexo de inferioridade, que experimenta o mesmo tipo de dificuldade, ainda que dissimulada em maneiras diferentes. Tal complexo de inferioridade envenenou, aos poucos, as relações de nossa burguesia com o povo de que é oriunda, ao qual é ainda tão apegada por tanta fibra, mas diante do qual cisma em desempenhar um papel que ultrapassa muito seus próprios recursos de espírito, de coração, de generosidade. A burguesia gostaria de ser sua tutora respeitada, honrada, enquanto tira do povo seu próprio bem-estar, enquanto defende contra ele, sem se preocupar com o futuro, amargamente, não seus privilégios, mas seu dinheiro, que quer disputar com o povo, apesar de seus baixos salários. A falsidade de sua posição apareceu-lhe pouco a pouco e, longe de incliná-la aos sacrifícios indispensáveis, tal revelação, ao contrário, endureceu-a terrivelmente, no mesmo momento em que nosso povo reencontrava não o sentimento – pois nunca o perdeu –, mas a consciência de seus direitos. Falo dos direitos que o povo tem não apenas com relação a certas regras de equidade, válidas para todos, e não apenas dos princípios lembrados pela encíclica *Rerum Novarum*, mas de seu nascimento, da história, dos serviços realizados por ele para a nação ao longo dos séculos. Entendem a nuance? Com efeito, os economistas burgueses sempre raciocinam como se nosso proletariado tivesse sido importado de outro continente, no início de uma era industrial e capitalista, como se o único problema fosse encontrar-lhe um *modus vivendi* conveniente. Esse raciocínio talvez fosse válido para o Senhor Ford, com relação aos operários poloneses, tchecos, russos, alemães, húngaros. Mas os operários franceses não são sequer imigrantes. Estão em seu próprio país, em nossa terra. Estão em casa, em nossa história.

*

Ingleses, quando falo assim de meu povo, muitos de vocês talvez possam se espantar. Não me espanto com o espanto deles. Eu mesmo não cheguei às conclusões que desenvolvo neste momento, diante de vocês, em um dia. Há muitos anos, a burguesia conduz uma campanha de difamação contra o meu povo. Em toda campanha de difamação, há uma parte de verdade e uma parte de mentira: não se poderia julgar senão pelos interesses que a inspiram. A traição cometida contra o meu país no dia 10 de junho de 1940, que cinicamente continua desde então, sob a proteção dos baionetas alemães, não me deixa nenhuma dúvida: tais interesses eram os interesses do inimigo.

*

Tal afirmação, ingleses, não terá, temo eu, nenhum proveito para mim neste mundo. Os que eu acuso não me perdoarão, os que eu defendo não me entenderão, ou me entenderão mal, e acabarão sempre por preferir a mim qualquer orador de manifestação ou qualquer pequeno-burguês de sinagoga. Que importa? Estou cumprindo um dever. A verdade que proclamo pode ser, também ela, apenas parcial, mas ofereço-a assim como a possuo. No meio do concerto de mentiras, no imenso redemoinho de propagandas rivais, decidi, há muito tempo, que, ao reduzir os problemas a dados essenciais, humanos, tentarei resolvê-los humanamente, ou seja, de acordo com a razão, justiça e honra. Ao dizer que nossa burguesia era incapaz de cumprir seu papel para com o nosso povo, não lhe imputei, pelo menos não até aqui, um crime a essa impotência, e até mesmo me esforcei para analisar suas causas fria e imparcialmente. Mas, no ponto em que estamos, já não basta dizer que essa classe híbrida, artificial, nascida de circunstâncias econômicas, era inferior em qualidade àquela cujo trabalho pretendia controlar e cuja consciência pretendia dirigir. A burguesia não apenas desconheceu por ignorância, ou mesmo por egoísmo, os interesses dos quais se instituiu guardiã: ela os traiu. Sempre se poderá escrever o que se quiser de nossas lutas sociais. No entanto, ainda não chegou o dia em que um dos adversários, levado pelo ódio e pelo medo, romperá com o pacto nacional, usará o inimigo contra a nação. Por pior que tenha sido o problema, nada poderá desculpar os infelizes que, tendo se voltado para Hitler, lhe disseram: "Resolva-o para nós".

*

O que me interessa nesse horrível drama não é a traição em si, mas o complexo psicológico da traição. O que me interessa não é que nossas elites tenham traído, mas que tenham traído conscientemente. Ingleses! Ingleses! Ingleses cristãos! Guardem o que vou lhes dizer: a ameaça universal não é o obscurecimento, mas o endurecimento das consciências. Vocês todos estavam lá, espiando os homens da desordem, os saqueadores e os incendiários pela janela, em uma espera ansiosa, e não pareciam suspeitar, um minuto sequer, que se os homens da desordem tivessem continuado a ser o que sempre foram, seria a gente honesta que, pouco a pouco, insensivelmente, evoluiria, se transformaria. Como se transformavam todos juntos, era algo que não se via muito claramente. E, a propósito, vocês não queriam ver. É, evidentemente, muito difícil dizer em que momento preciso esta evolução começou em nós, mas tais metamorfoses, comumente, marcam-se na linguagem. Ora, creio poder escrever tranquilamente aqui que nossa burguesia começou a trair, mais ou menos conscientemente, quando começou a falar uma linguagem moralista e cristã.

*

Ingleses, isto não é, de forma alguma – infelizmente! – uma brincadeira, um paradoxo. Tal linguagem não lhe era natural. Ao longo de todo o século XIX, nossa alta burguesia falou outra linguagem, que era nada menos que cristã: era a linguagem positiva dos economistas e dos homens de negócios, tão pouco sentimental quanto era possível, uma linguagem realista. "Qual"!, dir-me-ão, "você agora vai censurar o burguês materialista e voltairiano da época de Luís Filipe por ter se tornado idealista? Oh, perdão! Esse burguês não se tornou idealista, mas adotou publicamente o vocabulário: não é a mesma coisa. E, a propósito, notem que eles nem sequer se esforçam para esconder o jogo: afirmam-se mais realistas que nunca, mais realistas que seus avós, pois, enfim, a burguesia de Luís Filipe certamente não aconteceu em Munique! Colocaram o vocabulário cristão a serviço de seus interesses e de seu prestígio. Oh! Claro, é preciso repetir mais uma vez? Qualquer expressão seria grosseira demais para definir um caso de consciência cujos aspectos são tão diversos. A burguesia viveu quase um século na ilusão quase absoluta de seu direito, e encontrava o fundamento de seu direito nos princípios da economia liberal. A desigualdade social, por mais que tenha sido levada à injustiça extrema, era uma das necessidades da concorrência, e a concorrência era a lei do Progresso. Que importância tinham a miséria e a morte de milhares de trabalhadores aos olhos dessa produção crescente, que finalmente traria a salvação ao mundo? Certa de ter sempre para si a História e a Ciência, para que precisaria de Moral ou de Religião? A burguesia acreditava que apenas os trabalhadores inspirados e ideólogos sentimentais estavam contra ela. E eis que Karl Marx, em um requisitório implacável, condenava-a precisamente em nome da Ciência e da História. Mas a Igreja, por sua vez, condenava o materialismo de Marx; o materialismo de Marx fazia com que se esquecesse, oportunamente, o materialismo da economia liberal. Por que a burguesia não estaria ligada em massa à Igreja? O prestígio moral que estava ameaçada de perder, os padres outrora detestados lhe devolviam, e devolviam-lhe por nada, ou pelo preço de sacrifícios leves, pois ela abandonava seus princípios de bom grado, contanto que lhe permitissem o cuidado de, na prática, interpretar à sua maneira. Depois de ter lido do alto do púlpito a encíclica *Rerum Novarum*, vocês não poderiam imaginar o pobre e querido pároco procedendo ao exame das condições de trabalho na usina de seu pároco mais rico. Mas tais padres, tão intransigentes nas definições, tão afáveis em sua exegese, traziam-lhe muito mais: a segurança da consciência, que começava a se turvar... O que lhe condenaram, em suma? Simples abusos do Direito de Propriedade. Não era exatamente o próprio Direito de Propriedade que os adversários ousavam atacar? Na defesa desse direito, a burguesia agora se encontrava, materialista, ao lado da maior potência espiritual do mundo, tornava-se sua fortaleza contra o assalto dessas "potências de subversão" denunciadas em todos os mandamentos do episcopado, parecia retomar a herança do Sacro Império Romano. Teria ela esperado, outrora, um partido tão vantajoso, tão honorável, da História e da Ciência?

*

Até 1918, a burguesia pôde guardar suas dúvidas sobre a autenticidade da missão apostólica, mas o advento do comunismo consagrou-a, definitivamente – se ouso dizer assim, com o coração cheio de amargor –, como a verdadeira Filha Primogênita da Igreja. Por vezes, acusei-a de utilizar-se do catolicismo em vez de servi-lhe, e esta frase é, também ela, muito sumária. O vínculo ao que a burguesia chama de Igreja da Ordem foi certamente mais ou menos fingido para os pais, mas os filhos realmente o consumiram. Há milhares e milhares de jovens burgueses franceses católicos para quem a Igreja é praticamente nada além de uma grandeza de estabelecimento. Essa grandeza os exalta, como exaltava Maurras, e eles confundem essa exaltação com a Fé. Conhecem mais ou menos a distinção essencial entre Corpo e Alma da Igreja, mas tal distinção lhes aparece como uma busca, um refinamento, é a parte do *conselho* e não do *preceito*. Como bons realistas que são, preferem, talvez, pertencer ao corpo e não à alma? A enorme propaganda inspirada, controlada, organizada mundo afora pelos RR. PP. Jesuítas, furta-se de confirmá-los nesse erro; contudo, segundo o espírito de sua sociedade, deixam uma porta entreaberta – *ad majorem Dei gloriam* – por onde lhes vêm tantos aliados poderosos. "No fim das contas, pensam os RR. Padres, se o Bom Deus, que quer apenas ser amado, julga por bem usar o terror do Inferno, por que o terror da revolução não nos forneceria recrutamentos? Uma vez aliados a uma dessas inúmeras associações, virá o tempo de esclarecê-los. Até aqui, deixemo-los na boa fé." O que os RR. Padres não veem, ou fingem não ver, é que tal equívoco não existe sem uma injustiça assustadora para com o proletariado francês. Evidentemente, é lamentável que nossos trabalhadores tenham acabado por confiar o processo de suas reivindicações a advogados marxistas. Mas se tivessem confiado aos jesuítas, que teriam obtido em cinquenta anos? Quando, antes de 1888, o Estado não reconhecia nenhum direito sindical ou corporativo para os trabalhadores, onde estavam os RR. Padres? Eles teriam, a propósito, recusado a honra, e não sem motivo. Então, o quê? Escolher um advogado indigno faz com que uma causa seja ruim? Dessa vez, no entanto, foi o que aconteceu. A causa operária foi desconsiderada em nosso país, descreditada, desqualificada. A todas as reclamações do proletariado, legítimas ou não, a burguesia conformista, unívoca, evocava o espectro do bolchevismo. Um aumento de salário, uma simples redução das horas de trabalho eram uma ameaça à família, à religião, à moral, à Igreja. A burguesia não defendia mais, havia muito tempo, apenas os seus interesses, mas a civilização inteira, uma causa santa. A velha querela de família tornava-se, desse modo, uma espécie de guerra religiosa, a incompreensão transformava-se em ódio, e até mesmo esse ódio assumia um caráter sagrado. Bem mais que disso! A impopularidade do partido bem-pensante, não tendo parado de crescer, com seus rancores exasperados por ardentes decepções eleitorais, pouco a pouco voltava-se contra a França. Era a França que eles transformavam em responsável por seus fracassos. Era a França que nada queria entender, que nada queria ouvir, a quem o Senhor Charles Maurras repetia todos os dias sua lição e da qual não guardava uma palavra de todo o rudimento, toda a imbecilidade, toda a tolice, pois era dona de seu nariz! Nossa! Há cinquenta anos o eclesiástico, com os olhos voltados para o céu, deplorava nossa impiedade, o moralista deplorava nossa falta de vergonha, o estatístico nossa preguiça em fazer filhos, o médico nosso alcoolismo – há cinquenta anos, a mídia conservadora não era senão um requisitório impertinente contra o meu país. Falavam da França como inspetores de escola, e é verdade que eram inspetores – não eram chefes ou guias –, inspetores, ácidos inspetores. Tinham antipatia pela França, eis a palavra, exatamente como madrastas, e como madrastas justificavam sua crueldade declarando que a menina era manhosa, que não tinha solução. Mesmo assim, encontraram uma solução. Encontraram-lhe um patrão sério, que não brinca com a conduta e com o trabalho e, para tal papel, escolheram Hitler.

*

Ingleses, não atirem em mim antes de ler até a última linha esta modesta defesa em favor do povo do meu país. Não desculpo seus erros. Afirmo que, na raiz de todas as afrontas que lhe fizeram, escondem-se, quase sempre, hipocrisia e impostura. E, por exemplo, ao longo do último século, eram a alta ou a média burguesia, os camponeses proprietários que, para evitar a divisão determinada pelo Código Civil, praticavam a teoria do "filho único". Nesses tempos, os pobres-diabos reproduziam-se como coelhos; a despeito da mortalidade infantil assustadora, que atingia em certos centros operários do Norte ou do Leste até 77%. Não é, de qualquer forma, estranho que essa furiosa campanha de livros, de artigos, de brochuras, de discursos, de sermões e de mandamentos episcopais contra a limitação dos nascimentos tenha esperado para fazer com que os operários se cansassem de fazer filhos para os hospitais e cemitérios, sob o risco de diminuir a mão de obra e aumentar os preços? Não é estranho ouvir marechais e generais pronunciarem hoje homilias sobre a diminuição da natalidade francesa, quando ninguém pediu aos operários que se reproduzissem, mas produzissem tanques e aviões?

Não desculpo os erros de nosso povo. Quero dizer que seus mestres não o entenderam, que nunca procuraram entendê-lo. Não digo que seus princípios eram falsos. Digo que não sabiam exercer seu trabalho de educadores. Se seu filho, embora talentoso, se torna um aluno ruim e preguiçoso, vocês não quererão perseguir seus mestres, mas o mudarão de escola. Ai! Os povos não conseguem pensar facilmente em mudar de mestres... Os mestres de meu povo não eram mestres, mas inspetores, repito, ácidos inspetores. Não tinham amor pelo meu povo, temiam-no demais para amá-lo. Obstinavam-se em ver nele um primitivo, um Calibã, enquanto meu povo era uma criança mal-educada, de boa raça. Sonhavam purificá-lo, ou seja, tirar dele os elementos mais vivazes, e esse foi sempre o sonho dos professores, para quem o modelo ideal de bom aluno é o ruim e preguiçoso, mas dócil, passivo, estudioso, o medíocre incurável, o futuro fracassado. Ingleses, não falo levianamente: tais mestres denunciaram a si mesmos desde então, sim ou não? Demonstraram eles, desde então, a esse povo por mil anos alimentados na honra, que preferiam a segurança à honra? Sim ou não?

*

Talvez esta última frase que acaba de sair de minha pena seja ainda muito sumária, muito injusta. Ingleses, eu gostaria que essas pessoas fossem indignas de fato: o futuro do meu país me pareceria menos sombrio. Um membro indigno é como um membro morto, bastaria amputá-lo. Mas eles ainda estão apegados à França por fibras vivazes; não se poderia arrancá-las sem correr o risco de feri-los gravemente na carne. Há muitos meses vejo essa traição com o mesmo olhar com que um cirurgião observa um câncer. Meses? Não. Anos. Vi esse tumor crescer: ele se estende para longe e é profundo. O ódio de nossas elites pelo povo não é um sentimento simples, mas é preciso, no entanto, que eu o classifique como ódio, não poderia encontrar outro nome. É um sentimento quase inconsciente, uma reação social, gregária, análoga aos ódios religiosos. Cada alemão ou cada alemã não poderia, a não ser que se fale injustamente, passar por alguém capaz de cometer pessoalmente os crimes da Gestapo. Muitas pessoas também não suportam ver o espetáculo de uma operação cirúrgica, mas a ideia não as revolta – pelo contrário – caso a julguem útil. Em Maiorca, conheci senhoras ilustres que, durante anos, a fim de adquirir méritos para subir ao céu, visitaram pobres casas operárias, pois se interessavam por seu destino. Quando começou a depuração, não pensaram um minuto sequer em culpar os executores que vinham matar, em domicílio, os protegidos do dia anterior. Nossas elites começaram a odiar o povo quase sem seu conhecimento, no dia em que perderam a esperança nele, e posso dizer que dia foi esse: o dia do mês de maio de 1923, o famoso "domingo negro" que acabou com todas as esperanças, restituídas apenas pela debandada dezessete anos depois. Qual! Menos de quatro anos depois do armistício, essas massas incorrigíveis votaram "à esquerda"! Escaparam deles, mais uma vez! Se as elites tivessem merecido o nome de elite, teriam sido examinadas seriamente, a fim de se reformar, de guardar, custasse o que custasse, o contato com um povo exausto pela guerra, desgostoso com a paz. Teriam tentado entender alguma coisa do cansaço, do desgosto. Mas faltava a elas, justamente, a virtude mais indispensável das elites: o senso de comando. Eram elites subalternas, capazes de executar ordens, mas não de dar; eram elites intermediárias. Do que pôde ter sido um drama social, de alcance universal, a mediocridade dessas elites guardava o caráter de uma disputa familiar; e esses tipos de disputa são, normalmente, os mais hipócritas e atrozes, porque são envenenados por questões de dinheiro. Nossa burguesia não perdoava a guerra por tê-la empobrecido, ou seja, por ter diminuído seu mais precioso prestígio. Sentia-se ridícula aos olhos dos pobres-diabos a quem seus economistas tinham prometido, durante quatro anos, a riqueza com a vitória, e ela também não ousava admitir o fracasso. Sentia pelo proletário ávido de reformas sociais o mesmo que o comerciante sente pelo empregado que decide exigir "um aumento" no último dia do prazo de um grande pagamento. E tinha ainda mais ódio de sua simpatia nascente pela Rússia, cuja bancarrota acabara de esvaziar suas economias. Ingleses, o ódio pela Rússia talvez se tornou, com o tempo, um ódio doutrinal pela burguesia, mas tal ódio foi – posso lhes garantir – um ódio positivo, prático, sólido: um ódio sólido de poupadores enganados em seus cálculos, de credores ultrajados por seu devedor. O desmoronamento dos empréstimos russos que coincidiu com a propaganda comunista foi, para nós, um fato social considerável. Tal desmoronamento cavou uma vala profunda entre a pequena burguesia e a classe operária, retirou a pequena burguesia do caminho rumo aos grandes. E o estrangeiro doméstico, genialmente, explorou o mal-entendido.

*

A partir daquele momento, posso dizer, o erro irreparável estava consumado. Quando falo do inimigo doméstico, não distingo a propaganda soviética da propaganda totalitária; ambas perseguiam o mesmo objetivo, colocar as duas metades do povo francês uma contra a outra. Mas nada me fará desviar de meu propósito, pois apoio-me em um pequeno número de verdades evidentes e em fatos concretos. Não cometerei a injustiça de estimar os erros comuns das massas operárias e das elites, como se fossem igualmente responsáveis pela ruína do meu país, como se a responsabilidade não se medisse pela dignidade, pela graduação, pela função. Odiar quem comanda é um sentimento baixo, ainda que natural, infelizmente! Odiar quem está abaixo denuncia uma perversão ignóbil da inteligência e do coração. Acuso as elites francesas por terem traído. Mas acuso-as ainda mais por terem comprometido, na traição, talvez irremediavelmente, bens preciosos de outro ponto de vista: os princípios de que se valem e, sem os quais, nada são.

*

Digo que aquela traição é antiga. O crime das elites francesas em nada se parece com o que os criminalistas chamam de crimes de sangue. Não é um ato de violência cega. Haverá quem discorde, dizendo que tais crimes vieram lentamente. Eis, precisamente, o que os condena. Quando um ser superior se engaja no mal, não pode entrar nele no mesmo nível, sem forçar sua natureza. É, antes, manhoso consigo mesmo, acaricia a ideia do erro dando-se a ilusão de repousá-la, torna-a familiar à sua consciência. Em seguida, busca desculpas e justificativas, enquanto finge acreditar-se muito longe de cometê-lo, mede seus riscos, convence-se de que tal cálculo é puramente gratuito, que nada compromete. E, principalmente, ele representa, representa incessantemente para si mesmo a indignidade do adversário, a quem já deseja morto, mesmo que, por ora, ainda não se proponha matá-lo. Tal foi exatamente o papel da Imprensa dita Nacional. Enquanto o papel não for completamente degradado, a imprensa continuará a ser uma testemunha irrecusável. Para quem conhece a história da imprensa francesa, ela apresenta, com efeito, o caráter de um fenômeno absolutamente original, ainda que dificilmente apareça sem defeitos ao público anglo-saxão, por exemplo, tão acostumado, há tanto tempo, com métodos totalmente diferentes dos nossos. E, antes, a imprensa era, na verdade, como um direito, a expressão de uma pequena minoria de franceses, tão fraca que, atualmente, em uma França desmoralizada pela derrota, tal minoria não se sustenta no poder senão a duras penas, graças aos baionetas alemães. Isso não impediu que tal imprensa minoritária tivesse, outrora, absorvido as imprensas rivais em pouco tempo, recoberto todas as demais vozes com seu imenso rumor. Em países estrangeiros – no Brasil, assim como em outros lugares –, a imprensa passou a falar em nome da França, era a opinião pública francesa. Incapaz de criar uma França à sua imagem e semelhança, os futuros chefes da Nova Ordem impuseram ao mundo uma França artificial, a fim de que, chegado o momento, pudessem aparecer como libertadores de um fantasma, de uma ficção, enquanto aprisionariam a França real. Sei bem que tais explicações repugnam o leitor médio. O que o leitor médio me pede é que eu lhe forneça explicações gerais, tranquilizadoras para o espírito. Esquecem-se, todos eles, de que o desastre do meu país os encheu de estupor: como não ficariam estupefatos por suas causas? Se o evento foi um escândalo extraordinário, esperam eles que eu possa denunciar seus responsáveis sem escândalo? Dessa imprensa gigante, afirmo que os que a lançaram, tendo tido grandes despesas, despesas imensas, incalculáveis, nada podiam esperar diretamente por si mesmos, pelo sucesso de sua causa, obtido por meios legais. O mecanismo dessa enorme máquina era bastante capaz de ensurdecer o mundo, mas afirmo que tal máquina não deslocou mil e quinhentas vozes, chego mesmo a afirmar que ela lhes valeu o mais retumbante dos seus fracassos eleitorais. Não era, portanto, a opinião francesa que esperavam atingir. Ao difamarem meu país sob o pretexto hipócrita de defendê-lo contra si mesmo, ao denunciá-lo como um lugar de revolução, um perigo para a ordem europeia, preparavam a opinião universal para a catástrofe, criavam o sentimento de que tal catástrofe era inevitável, de não estar muito longe de parecer tão bem merecida. Graças a eles, milhões de amigos, em todas as latitudes, particularmente nos meios conservadores, religiosos, não ousavam mais dizer “Viva a França!”. Abaixavam a cabeça, dizendo baixinho: “Pobre França!”... Anos antes, Vichy, o espírito de Vichy, o espírito de aceitação, de resignação, de expiação de Vichy se espalhava pelo mundo, criava nele um clima favorável à nossa próxima renúncia. Certamente, tal atitude de piedade desdenhosa lhes valia, dentro da nação, uma impopularidade crescente, mas esses infelizes de forma alguma se deixavam abater, não se preocupavam mais em convencer adversários cuja conta lhes parecia anteriormente paga pelo triunfo inevitável do fascismo na Europa. Oh! Sem dúvida, vocês me dirão que a massa de seu dócil público continuava a ser mais ou menos ignorante quanto a esses intentos. A vergonha desse público é nunca ter desejado seriamente ver com clareza, seu crime jaz na cegueira semivoluntária. O público imaginava que sua imprensa fora vendida ao inimigo, mas desejava nunca receber tal prova. "Talvez eles sejam vendidos, mas que importa? Eles nos defendem contra a esquerda": eis o que respondia, então, os honestos, os magistrados, os padres. Ingleses! Leitores ingleses! Suponham que, por volta de 1930, vocês tenham direcionado a alguma dessas pessoas de quem falo o seguinte discurso: "Seus operários são realmente insuportáveis. No fim das contas, que há agora a temer diante de uma eventual vitória da Itália? O Exército, a Marinha, a aviação do Duce são irresistíveis, seu futuro seria definido em quinze dias, sem grandes perdas... Amor-próprio à parte, uma derrota lhes serviria bem mais que uma vitória, e lhes custaria talvez a Tunísia, mas o Senhor Mussolini rapidamente faria com que seus berrões voltassem à razão. Chega de reivindicações sociais!". Seu interlocutor, sem dúvida, mostrou um pouco de embaraço; no entanto, ele acabaria lhes respondendo, dando de ombros: "Esses benditos operários certamente não o roubariam!". Mas, três ou quatro anos mais tarde, já não se tratava do Senhor Mussolini: o grito unânime dos meios de direita, civis, militares ou clericais era "Antes Hitler que Blum!".

*

Ingleses, o mundo nada soube desse drama; eis por que a novidade da derrota explodiu como uma surpresa assombrosa. O mundo nada sabia a nosso respeito, pois se informava com as gentes das Letras, e as gentes das Letras tinham, em nossa sociedade, o mesmo papel que os criados e criadas da comédia clássica: viviam da perversão de seus mestres. É um fato desconcertante que o Senhor Winston Churchill pudesse outrora perder cinco minutos com o Senhor Maurois. Quanto a mim, testemunho tão somente o que vi. Vi a consciência de nossas elites se corromper. Eu poderia escrever belas frases sobre os corruptores, mas prefiro chamar sua atenção para os corrompidos, pois os corruptores estavam a serviço dos corrompidos: forneciam-lhes argumentos e desculpas. Quando Filipe, o Belo, projetava alguma trapaça política, ou assim que decidia sua execução, ordenava aos legistas que a justificassem antecipadamente em nome do Direito, e a seus capelães e casuístas que a justificassem em nome da Moral. A classe dirigente francesa não agiu diferentemente, ainda que, sem dúvida, com menos franqueza. O Senhor Maurras foi um de seus legistas. A classe dirigente pouco se importava com as teses do nacionalismo integral que, a seus olhos, nunca foi senão um divertimento de intelectuais. Do neopatriotismo, ela queria apenas reter o princípio que a inspira, o "por todos os meios", que foi, durante muito tempo, sua lei nos negócios – "negócios são negócios" –, que no entanto nunca ousou proclamar publicamente. O Senhor Maurras libertava-a desse pudor. Realista nos negócios, liberal e mesmo idealista na política, a classe dirigente podia acabar com essa contradição que lhe custou tanta punição, sem lhe valer o menor sucesso eleitoral, e repudiar, de uma vez por todas, a herança de 1848, e esse chauvinismo sentimental tão distante de sua natureza, da qual tinha vergonha, que pensava ser "do povo", e que, com efeito, era "do povo". Mais que isso, o Senhor Maurras lhe permitia, por um sutil desvio, voltar ao velho tema burguês da "paz a qualquer preço" que encarnara o único governo realmente burguês de nossa história: a monarquia de Luís Filipe. O pacifismo do pós-guerra, primeiramente, causou-lhe horror, pela mesma razão por que estimulava a imaginação popular. A classe dirigente de forma alguma esperava que a paz libertasse o mundo – ao menos não antes que a bancarrota da Alemanha tivesse acabado com as suas esperanças –, mas que ela lhe permitisse pagar a guerra, que cobrisse seus custos... Assim pensava, sem ousar dizê-lo. O Senhor Maurras o disse por ela, em linguagem acadêmica. E a classe dirigente pôs-se a gritar "viva a paz!", enquanto, para ela, essas três palavras significavam "abaixo o meu risco!".

*

Ingleses, esta não é uma visão teórica. Repetirei quanto julgar necessário que existem muitas maneiras de premeditar um crime: a primeira é atribuir-lhe um pensamento, forjar sua consciência. A prova de que nossas elites premeditaram seu crime não é que sua derrota tivesse sido um fato, mas que, uma vez o desastre consumido, tivessem se sentido em casa. Não apenas a política da derrota estava pronta, mas também – cuidadosamente acertada – a casuística indispensável para justificá-la. Tudo o que se chama de direita, que vai dos supostos monarquistas da Ação Francesa aos supostos radicais socialistas nacionais – a alta indústria, o alto comércio, o alto clérigo, as academias, os estados-maiores –, aglutinou-se espontaneamente, aglomerou-se em torno do desastre do meu país como um enxame de abelhas em torno de sua rainha. Não digo que eles quiseram esse desastre, com vontade deliberada. Eles o esperavam. E esta monstruosa espera os julga.

*

Eles esperavam pelo desastre, estavam prontos para ele. Já faz doze meses que denunciam a si mesmos, todos os dias. O que hoje dizem publicamente, diziam antes entre si. As homilias do Senhor Marechal Pétain não fazem senão repetir as conversas que esse velho orgulhoso e timorato tinha nos salões de Madri, nos tempos em que, entre os fascistas espanhóis, já representava não a França, mas a Contrição, a Expiação da França. A França entrou na guerra com as elites conquistadas pela ideia da derrota, de uma "derrota reparadora", como se uma derrota aceita de antemão já pudesse redimir alguém! Uma acusação desse tipo escandaliza-os, porque vocês não veem senão axiomas e modelos por toda parte, e não homens. Os homens de quem falo estavam comprometidos demais para recuar. Nesse momento, assim como hoje, o triunfo do totalitarismo na Europa era, para eles, a única saída possível, uma vez que, desde o advento de Mussolini, não pararam de apostar nas chances do fascismo, dobrando seu investimento a cada vez. Estavam absolutamente prisioneiros dessa correia. Como desejaram que seu processo se abrisse um dia diante da nação! Assim como escrevi mais acima, a Imprensa dita Nacional – a imprensa deles – continuará sendo um testemunho opressivo contra eles – *scripta manent*. Agora, aquele que gostaria de desapossar esse dossiê sem partido tomado deveria render-se às evidências: a Imprensa dita Nacional sempre, em todos os lugares, em todas as ocasiões, serviu aos interesses do estrangeiro. Oh! Sem dúvida, quase até o último dia, a imprensa conservou o vocabulário antialemão! Pergunto aos leitores de boa-fé: poderia ela ter feito de outra forma? Ela não o abandonou assim que pôde? O próprio Senhor Hitler não desejou um excesso de zelo prematuro? Insultaram a Alemanha, de acordo! Exigiram que medidas rigorosas fossem tomadas contra ela. Isso aconteceu porque as sabiam perfeitamente inexequíveis, ou esforçavam-se para torná-las inexequíveis. Justificavam em teoria medidas que não poderiam ser praticamente realizáveis senão com o risco da guerra, e desviavam apaixonadamente a nação desse risco. A força alemã era um fato, de acordo! Mas eles também não vangloriavam a força italiana? Não mantinham o público no terror da invencível frota fascista, que facilmente dominou a frota inglesa? É possível preparar um povo para um sacrifício supremo mostrando-lhe, todos os dias, sua impotência, oprimindo-o com o sentimento de sua impotência? Até 1938, esses miseráveis escreviam que os totalitários queriam a guerra, mas, uma vez que a Tchecoslováquia foi derrotada e a Alemanha estava pronta, desmascararam-se, começaram a escrever que eram as democracias que a queriam, a guerra, com a ordem da organização judaica internacional. Tornavam-se antissemitas, pois receberam instrução para tornar-se antissemitas. E para admitir o fundo do meu pensamento, nunca acreditei na sinceridade do antissemitismo hitleriano. O Senhor Hitler utilizou-se do antissemitismo, assim como do anticomunismo, para corromper a opinião europeia, dividi-la, dissociá-la, dar aos povos suas futuras vítimas, temas da guerra civil. Quando chegar o dia, o Senhor Hitler reabsorverá seus judeus e organizará o Banco Judeu, fará dele uma instituição nacional alemã. Nisso, veremos uma nova e inédita forma de colaboracionismo.

*

Todas as campanhas da Imprensa dita Nacional foram um proveito para o inimigo, uma oportunidade de vitória perdida, um passo rumo à derrota e à Ordem Nacional; pode-se fazer uma demonstração matemática: a campanha contra a Liga das Nações, uma obra-prima de hipocrisia, pois, ao fingir estigmatizar sua fraqueza, tornava-a ainda mais fraca, conseguia desarmá-la; a campanha contra as dívidas americanas, que rapidamente se tornou uma empresa de difamação do povo americano, para com quem o Senhor Hitler estava preocupado em alienar nossa simpatia; a campanha contra a Tchecoslováquia franco-maçônica; a campanha contra a China supostamente comunista; a campanha contra a Aliança Russa, a armada russa, a aviação russa; a campanha em favor de uma colaboração com a Itália contra a Alemanha, forma sorrateira da campanha contra a aliança britânica, cuja falência militar do fascismo demonstrou o absurdo, mas que tinha, para Hitler, nesse momento, a vantagem de nos misturar aos nossos aliados dos Bálcãs; a campanha contra a Etiópia e as sanções que acabaram por lesar a Sociedade de Genebra e comprometiam tão gravemente o prestígio da frota inglesa no Mediterrâneo; a campanha em favor do fascismo espanhol, enquanto o sucesso do general Franco era indispensável à segurança de Mussolini no Mediterrâneo; enfim, a última das campanhas, furiosa, delirante, de 1939, pela Finlândia, que muito entusiasmou todos os salões colaboracionistas de Paris, toda a brilhante gentalha derrotista, que não tinha outro objetivo senão criar o irreparável de uma declaração de guerra entre a Inglaterra e a Rússia e jogar Stálin definitivamente nos braços de Hitler.

*

Os Mestres da Imprensa dita Nacional foram, evidentemente, vendidos à Alemanha, mas o verdadeiro proprietário permanecia à sombra, dirigia seus escrúpulos: não tratavam de negócios senão com o gerente Mussolini. Os mestres da Imprensa eram vendidos, e seu público não o ignorava. O Senhor Mussolini respondia pelos gastos, respondia também pelas consciências. Responsabilizou-se pela consciência, contra a recepção de um recibo. Eu poderia citar o nome de um escritor da melhor burguesia que, desejoso de adquirir um jornal cotidiano, considerara natural receber o prêmio das mãos do Duce. Admitia-o e não tinha a menor vergonha. E, como eu contava o fato a uma mulher digna de todo o respeito, esperando protestos coléricos ou, ao menos, reações de incredulidade, ela me respondeu, tranquilamente: "Que você quer? Os outros também não recebem alguma coisa de Stálin, pela má causa? Então, de quem os nossos poderiam receber alguma coisa?".

*

Essas pessoas dirão um dia que Mussolini as enganou. Talvez. Tal declaração não as salvará do castigo. Elas tiveram tempo para pensar. A compra em atacado das consciências conservadoras começou, efetivamente, por volta de 1932. É provável que, nesse momento, o Senhor Hitler tenha esperado ainda acabar conosco, com uma guerra civil, análoga à guerra espanhola, que proporcionou a intervenção dos camisas-pardas e dos camisas-negras. Hitler gastou grandes quantias com esse objetivo. Tinha dinheiro, mas não tinha homens. Levou a sério as associações de berrões decididas a nunca descer às ruas senão sob a proteção de seus baionetas. O Senhor Doriot falava, o Senhor Maurras escrevia; o primeiro era o homem dos discursos, o segundo o homem das tintas. Não darei aos outros a honra de nomeá-los. Quanto às crianças do coro clerical, as Boas Crianças dos Reverendos Padres, essas estavam bem determinadas, como sempre, a esperar confortavelmente a exterminação dos inimigos da sociedade; guardavam-se para as procissões de ações de graças... Tendo perdido as esperanças na guerra civil, o Senhor Hitler certamente esperou, em setembro de 1939, um golpe de Estado das direitas inimigas da guerra, a queda de nossas alianças, a instauração, dez meses mais cedo, da Nova Ordem francesa. Desse modo, poupou as despesas de uma campanha e o risco de um despertar tardio do espírito nacional, humilhado pela derrota. Mas os colaboracionistas eram velhos demais para se alimentar sozinhos: era preciso levar-lhes a refeição à cama. A armada alemã teve de fazer o caminho até Bordeaux.

Agosto de 1941

Ingleses, não deixo de pensar que poderia ter pintado um quadro bastante diferente de nossos infortúnios. Custou-me quase nada encontrar-lhes autores e escrever, assim, um drama de personagens, à maneira dos historicistas de outrora. Mas esse drama, ingleses, é justamente um drama sem personagens, e vocês talvez comecem a se dar conta de que é um drama anônimo. Tudo acontece por trás das cortinas, o palco está vazio; seria preciso preenchê-lo com simples comparsas, com figurantes. Posso lhes garantir que o próprio Senhor Marechal Pétain não é nada além disto: um comparsa, um figurante, um pobre homem. Todas essas pessoas passaram a vida na oposição, ou seja, na crítica e na censura perpétua, são as pessoas que dizem "deveríamos ter feito isso" ou "poderíamos ter feito aquilo". E se podem alguma coisa agora, é porque a França não pode mais nada. Elas não querem entender, tentam tranquilizar-se entre si, dizem que seus princípios são irrepreensíveis, que os buscaram nas melhores fontes, que têm a aprovação dos professores e párocos. Seus princípios têm valor; são elas que nada valem. Fazem o que sempre fizeram: definem, em vez de agir. Mesmo que seus princípios fossem ainda cem vezes melhores, não deixariam de desonrá-los, desejando impô-los a uma nação vencida, prostrada, que não tem sequer forças para lhes cuspir na cara. Elas violam a França durante seu coma, e imaginam que lhe farão um filho exequível... Ai! Não são os bons princípios que estão em falta em nosso país, mas os homens capazes de servir-lhes.

*

Ingleses, a história de nosso terrível infortúnio é, em suma, uma história bastante ordinária, comum, quase trivial. É a história de uma traição sem traidores, uma grande história, graças às suas consequências; contudo, quando a examinamos de perto, ela se divide, fragmenta-se em um número quase infinito e incalculável de pequenas covardias. Ao que parece, toda a mediocridade espalhada lá e acolá nesse grande corpo, que não comprometia gravemente seu equilíbrio, acumulou-se de uma única vez no mesmo ponto, em um acesso monstruoso de fixação. O gênio satânico da propaganda hitleriana teve êxito nesse golpe de mestre. A propaganda encontrou algumas ideias sumárias, metade verdadeiras, metade falsas, capazes de criar a união entre os medíocres, e assim confederou as mediocridades. O militar medíocre, o intelectual medíocre e o padre medíocre, que às vezes pensavam estar muito afastados uns dos outros, perceberam, de repente, que estavam estreitamente ligados, solidários em sua mediocridade comum. A solidariedade dos medíocres fez com que toda reação nacional se tornasse impossível.

*

Ingleses, a mediocridade dos protagonistas não deveria iludi-los no mesmo sentido do drama, não deveria impedi-los de entender sua lição. A mediocridade que tomou conta do meu país não esgotou nele o seu veneno, pois ainda circula nas veias de todas as nações; a mediocridade pode atingir bruscamente seu coração e seu cérebro, causar a mesma paralisia fulminante. No que diz respeito a vocês, ingleses, a hipótese parece absurda. É porque vocês fazem a guerra, vocês realmente entraram na guerra, enquanto nós, nesse caso, nunca entramos nela... A guerra é uma prodigiosa aceleradora da circulação de um povo, queima todos os seus resíduos com medida. Enquanto seus homens combaterem e morrerem, vocês não precisarão temer a formação de uma infecção fria... Ingleses! Se o espírito de Munique tivesse dominado seu país em junho de 1940, vocês também estariam nas mesmas mãos.

Sagrado mundo, que em nenhum momento escapa dos anciões, que não se purifica pelo espírito da velhice, senão sob o preço de uma imensa libação de sangue jovem!

*

Ingleses, em minha última carta, escrevi-lhes que esse era um mundo ruim para a infância. O mundo também não vale muito para os povos, pois os povos são crianças. Vocês frequentemente o dizem, mas talvez não deem a essas palavras o mesmo sentido que lhes dou. Para muitas pessoas, para o Senhor Marechal Pétain, por exemplo, isso significa que os povos não são capazes de se guiar sozinhos, que convém fazer sua felicidade contra sua vontade, mesmo que seja a pauladas, uma vez que é para o seu bem... Oh, ingleses! Entre os que me leem, quantos aqui tirarão os óculos e dirão: "Reconheço que é verdade!". Que recoloquem seus óculos e que vão para o diabo! Eles nunca serão mestres, mas criados que se tornaram mestres; falam pelos escravos, não pelas crianças ou pelos povos. Não se pode fazer a felicidade de um ser contra sua vontade, também não se pode fazer um homem feliz, herói ou santo contra sua vontade. Ingleses, ingleses, é verdade, no entanto, que os povos e as crianças precisam da felicidade. Mas cometemos contra os povos o mesmo erro imbecil que os velhos meninos egoístas cometem contra as crianças. Queremos que sejam felizes com o que nos faz felizes a nós mesmos. E existe, contudo, algo mais difícil que contentar uma criança? Por que mistério a menininha tantas vezes preferirá uma boneca disforme a bonecas caríssimas e o garotinho preferirá um soldado de chumbo sem braços e sem pernas aos seus caríssimos jogos mecânicos e instrutivos? Ao repetirem que os povos são crianças, os imbecis tranquilizam-se, enquanto deveriam recear o pior. Confundem a criança com o fedelho, e até mesmo os mais generosos entre os imbecis não vão muito além de desejar aos povos que tenham como encher a barriga. Ingleses, ingleses, não é absurdo tratar assim velhos e nobres povos como o seu ou o meu? Seriam esses povos mendigos? Ai! A burguesia os julga a partir de si mesma, atribui-lhes seu próprio medo do risco, seu gosto pela poupança, sua paixão pelo conforto. Mas os povos e as crianças amam o risco, pouco se importam com a poupança e com o conforto. Sou eu que o afirma ou a história que o prova? Eu digo história – tanto a mais antiga quanto a mais moderna –, pois, no fim das contas, não foi enchendo a barriga do povo que Hitler fanatizou a Alemanha. As elites deploram o fato de que o povo não as compreenda mais. Mas não é o povo que deve compreendê-las: as elites devem se mostrar compreensíveis aos povos. Quem escolhe assumir o papel de educador condena a si mesmo quando se queixa por não ser respeitado, crido, amado.

Ingleses, sou praticamente o único hoje a trazer este testemunho pelo meu povo, e serei, talvez, o último. Se Deus não lhes der a vitória, quem o salvará de uma servidão mil vezes pior que a servidão material, quem poderá salvar sua alma? Com a liberdade perdida, quem o salvará de perder com ela o espírito de liberdade? O povo goza dos bens mais preciosos, adquiridos a duras penas, sem conhecê-los, e não pode contar senão com seu instinto para adverti-lo do perigo corrido por tais bens. Sendo capaz de morrer generosamente para defendê-los, o povo é incapaz de defini-los, ou simplesmente chamá-los pelo nome. Se as próprias elites o traem, onde encontrará uma maneira de resistir aos empreendimentos das elites estrangeiras, ao prestígio das culturas inimigas, a alemã, a espanhola, a italiana, trabalhando de acordo com o mesmo objetivo, ainda que por vias diversas? E, certamente, nenhum povo pode se gabar de nada dever a outrem. Nossa cultura nacional sofreu, pouco a pouco, influências diversas, e suas marcas ainda são visíveis: são os pontos fracos pelos quais o veneno deverá penetrar, antes de atingir os centros nervosos e motores. Oh! Sabem os traidores o que estão fazendo quando elogiam em nós o espírito de expiação, de humilhação? Com as elites francesas fora do jogo, congregadas ao vencedor, o inimigo não pode temer de nosso povo senão uma reação brutal, cega, de orgulho nacional. Oprimindo seus erros com a lembrança, dele é tirada a última chance e ele é entregue, entorpecido e estúpido, aos seus novos mestres.

*

Ingleses, talvez nosso infortúnio possa um dia ser o seu. As vitórias nada valem em si mesmas, trata-se de saber o que têm nas vísceras, pois existem vitórias estéreis, e as mais brilhantes nem sempre são as mais fecundas. Ingleses, é preciso que nossa vitória reconstrua um mundo humano. A palavra "humano" pode ter muitos sentidos, bem o sei. Mas não falamos de uma espécie de humanidade abstrata, falamos de uma humanidade que vive, sofre e morre diante de nossos olhos, a humanidade dessa humilde península da Europa onde a maioria de nós deixará seus ossos. Pois sim! Ingleses, esta humanidade é cristã. Que a lamentemos ou não, ela é cristã. Aqueles que o negam parecem-me menos perigosos que aqueles que concordam imediatamente, sem reflexão, talvez mesmo sem de fato acreditar no que dizem, mas apenas porque tal declaração os lisonjeia e tranquiliza. No entanto, a declaração nada tem de lisonjeiro ou tranquilizador. É verdade que, para muitos imbecis, uma humanidade cristã é, antes, uma humanidade fácil, governável e controlável com pouco custo, bem conservada nas mãos dos padres, disposta a nunca perturbar os ricos em seu gozo tranquilo dos bens deste mundo, com a promessa – condicional, a propósito – de beatitude na vida futura. Quando falo, contudo, de uma humanidade cristã, quero falar de uma humanidade formada pelo cristianismo, ou seja, cujas reações morais são comandadas por atavismo milenar. Eis o que ninguém quer entender. Os povos não vão mais à missa ou às prédicas, ignoram o catecismo, mas a imagem que carregam, nas profundezas de suas entranhas, é inconscientemente de uma sociedade que nunca existiu, cujo incrível advento seus ancestrais esperaram século após século, a Cidade harmoniosa, sob o sinal da Fraternidade. Naturalmente, vocês me responderão que estes são pontos de vista muito pessoais, e admito, de bom grado, que vocês estejam fartos de ouvir falar do cristianismo e da cristandade; os jovens da literatura neocatólica encheram seus ouvidos disso tudo. Mas não! Estes não são, de forma alguma, pontos de vista pessoais. Se vocês fizessem o esforço de ouvir, durante cinco minutos, nos restaurantes, cabarés ou fábricas, os operários considerados por vocês comunistas discutindo o que é justo e o que não é justo, diriam que a consciência dessa gente é difícil de satisfazer, muito diferente da consciência de um grego ou um romano livres, ou mesmo de um antigo judeu... E a sociedade, assim como a concebem nossos banqueiros, engenheiros, economistas, moralistas, nunca os contentará, nunca. Dirão que é porque ela não lhes dá dinheiro o suficiente, dirão que trabalham demais; vocês os acusarão de insaciáveis, eles concordarão, e até mesmo se vangloriarão disso cinicamente, mas, se não se sentem à vontade nela, é porque não a julgam justa – sem saberem muito bem esclarecer por que –, tal sociedade não lhes cabe, esta é a verdade: nela, não se sentem em casa... Ingleses, é preciso repetir: falo aqui do seu povo ou do meu, de nossos velhos povos, não falo pela mão de obra do Senhor Ford.

*

Ingleses, é preciso refazer um mundo humano para esses homens, com o mesmo tipo de humanidade desses homens, é preciso refazer para esses homens um mundo cristão. Isso não quer apenas dizer, de maneira alguma, um mundo em que os que hoje se proclamam cristãos seriam os mestres. Ignoro se esses cristãos são verdadeiramente cristãos – considerados como tais pelo bom Deus. E como não o ignoraria, uma vez que me sinto bastante incapaz de devolver este testemunho a mim mesmo? Quem poderia desejar ser cristão sem ter certeza da amizade de Cristo? E quem pode desejar ser amigo de Cristo? É claro que quero que professem sua doutrina, é seu papel e é o papel dos teólogos que os instruem. Aqui não tratamos um problema de teologia, mas de um problema social. Para refazer uma sociedade cristã, seria suficiente dar seu controle ao público cristão, à opinião geral cristã, aos primeiros que chegam e se dizem cristãos? Certamente que não. Oh! Mas é claro, há os mandamentos e as encíclicas. De acordo! A doutrina da Igreja é a minha. Falo, aqui, dos homens e da aplicação que fazem da Igreja; é tudo que me interessa hoje. Pois bem! A sociedade cristã, de cristãos padrão, eu a conheço: o Senhor General Franco forneceu-me seu modelo. Ela não mudou muito nos últimos séculos, e nossos Cromwells católicos se parecem com os seus. Do ponto de vista do observador social, que os hereges cortem a cabeça dos jesuítas ou que os jesuítas queimem os hereges, tais fatos são fatos da mesma ordem e em nada mudam as conclusões a que chego. Disse e repeti cem vezes que a Contrarrevolução Espanhola não tinha muita importância em si, em minha opinião. O grande fato, o fato capital, é que a opinião geral cristã se tenha declarado solidária à contrarrevolução, que tenha quase unanimemente admitido que se respondesse a massacres, não pela justa punição dos massacradores, mas pela exterminação sistemática da oposição, dos conservadores, dos suspeitos. Ao aprovar o sistema da depuração, cujos procedimentos lhes eram bastante conhecidos, uma vez que tal sistema já servia havia tempo em Moscou, Roma, Berlim, a maioria dos cristãos de todos os países, pastores e fiéis solenemente renunciaram às dispensas, isenções, imunidades devidas ao caráter pacífico do verdadeiro apostolado. De acordo! Isso lhes diz respeito. Opõem-se à força com a força e, considerando que seus adversários se colocaram fora da lei, também vão para fora dela, seguem-nos nesse terreno, nesse *no man's land*, a fim de ser mais livres para acertar suas contas. Nada melhor. É assim que agora pensam saldar seus deveres para com a Ordem e a Sociedade. Mas, neste momento, faço com que parem, não permitirei que brinquem com as palavras. A ordem cristã? A sociedade cristã? Não. Nem essa sociedade nem essa ordem são cristãs; e para afirmá-lo, apoio-me em um testemunho irrecusável aos olhos de muitos deles e dos meus. A Igreja não reconhece essa ordem e essa sociedade como cristãs. Ingleses! Os devotos podem dizer o que quiserem, mas é a Igreja quem define, e essa infalibilidade doutrinal em que tantas pessoas veem o princípio de uma escravidão das consciências é justamente o que liberta as nossas. Ela nos protege contra a tirania das opiniões sucessivas, das deformações coletivas do senso cristão, ao nos permitir que reajamos a elas, como faço neste momento, uma tradição imemorial, inalterável, imperecível, cujos preconceitos, paixões, interesse e política poderiam desviar os pontífices se não soubessem que sua palavra compromete inteiramente tal tradição. Não somos nós que estamos ligados pela infalibilidade doutrinal, é ela que mantém a Igreja viva nos canais, dando a cada uma de suas decisões o caráter de risco absoluto: Tudo ou nada.

*

Nem essa sociedade nem essa ordem são cristãs. De Pio IX a Pio XII, os papas repetiram-no incessantemente. É preciso repeti-lo depois deles? Se uma sociedade cristã e uma ordem cristã tivessem de acabar na dissipação monstruosa de uma imensa proteção, que enriquece apenas os especuladores e deixa os miseráveis na miséria e, em seguida, em uma guerra generalizada, ainda mais monstruosa, pois coloca, no sentido exato da palavra, a civilização à beira do abismo, não haveria motivos para perder as esperanças no cristianismo. Dir-se-á que a sociedade não é responsável por essas catástrofes, mas sim as forças do mal. Ora! Não é justamente o dever da sociedade nos proteger contra as forças do mal, ter consideração por nós? A sociedade exige dois terços dos bens de cada um de nós e, quando lhe pagamos essa enorme quantia pela segurança, declara-se incapaz de executar seu contrato, coloca um fuzil em nossas mãos, para que nós mesmos o executemos. Oh, sem dúvida, os cristãos de quem falo não ousam proclamá-la cristã publicamente, mas agem quase como se ela o fosse, declaram-se solidários a ela, deixam fora da lei divina e humana aqueles em quem perderam as esperanças, trazidos pelo escândalo de suas contradições impotentes a todas as tentações do desespero. Quando os censuramos por isso, choramingam, declaram que essa sociedade nunca foi, a seus olhos, muito além de uma coisinha qualquer, que garantem, a esse título, sua defesa provisória, condicional, que a renegarão assim que cair, que sempre mantêm pronta a bacia de Pôncio Pilatos ao seu alcance, repleta até as bordas. Eles não entendem, ou não querem entender, que uma sociedade incapaz de cumprir seus deveres, a ponto de conduzir seus membros a uma catástrofe de pânico, não poderia se manter de outra forma, senão pela força. Dizem ser os pilares da sociedade, mas, na realidade, são os instrumentos da Força. Trazem para a Força um auxiliar infinitamente mais precioso que seu coração sem coragem e seus braços débeis – o prestígio de uma doutrina que pretendem servir, da Igreja, da qual se proclamam campeões. Assim os vimos agir na Itália, na Espanha, na Alemanha. E, se não agiram da mesma forma na Rússia, enquanto Pio IX lhes demonstrava vinte vezes a identidade básica dos sistemas e dos métodos, é porque – segundo o que os próprios admitiram – o totalitarismo russo é uma ameaça à Propriedade, se não mais direta, ao menos, mais franca. De todo o admirável edifício da antiga cristandade, reduziram-se a defender apenas o último baluarte, é o único sob o qual se jurou sepultar os discípulos do Pobre dos pobres; ele lhes parece mil vezes mais precioso que a Liberdade, a Justiça, a Honra. "Não defendemos a propriedade", dizem eles, "mas o Princípio." Também aqui, não vamos permitir que brinquem com as palavras. Em sua concepção de propriedade, a sociedade moderna não se inspira, de forma alguma, no Direito cristão, mas retomou as definições tradicionais do implacável Direito romano. Segundo o Direito cristão, com efeito, o proprietário é o administrador daquilo que possui: administra, sem dúvida, em seu benefício, mas também pelo bem da comunidade, pois tem uma responsabilidade para com ela. O Direito cristão nunca conheceu o *jus abutendi*, que permite aos especuladores, grandes ou pequenos, a destruição voluntária de víveres preciosos, indispensáveis, para que possam manter seu preço. O princípio, o famoso princípio, supõe a união da gente honesta, dos homens dignos – *hombres dignos*; o princípio que vocês orgulhosamente inscrevem nos estandartes da Cruzada não é sequer o princípio da Propriedade cristã. "Nós o sabemos, respondem eles, nós o defendemos condicionalmente, a fim de evitar o pior." Claro! Vocês tomam isso como uma verdade relativa, se entendi bem? O mal é que nunca os vejamos tratar aqueles que o discutem ou o renegam com severidade relativa! Vocês aprovam que eles sejam fuzilados; quando preciso, colocam a mão na massa. Fariseus! Víboras! Vocês vingam os crimes contra a ordem – cristã ou não – com tiros de metralhadora, contentam-se em denunciar os crimes contra a Justiça em manifestos redigidos com linguagem filosófica, fora do alcance da compreensão de suas vítimas. Vocês defendem os proprietários com chumbo e os miseráveis com papel. Hipócritas! Hesitei, antes, em falar como falo agora, pois temia – não suas represálias, Senhor!, mas suas calúnias – *et a verbo aspero*. Hoje, tornei-me um velho, cumpri minha tarefa, e provavelmente não existe um tolo sequer no mundo capaz de acreditar que o autor de *A Alegria* e *Diário de um Pároco de Aldeia* pretenda, agora, iniciar uma carreira de demagogo. Cristãos sem coração e sem cérebro, sempre os olhei de frente, desde minha juventude, com uma espécie de curiosidade desesperada, e posso dizer, agora, neste momento, que vocês foram para a minha infância uma espécie de escândalo intolerável, ao qual consegui escapar, esforçando-me para compreendê-lo. Vocês são o escândalo da Igreja, mas é preciso que esse escândalo exista; Cristo quer estar oculto à nossa razão, ao nosso julgamento e mesmo à nossa consciência; apenas o coração pode buscá-lo e encontrá-lo; vocês são as espécies sacramentais do Sacramento da Divina e permanente Humilhação. Que importa? Tais considerações interessam apenas a um pequeno grupo de leitores, desculpo-me por isto, assim como por este pequeno acesso de desprezo. O desprezo de nada me vale: ainda existe em mim o sinal de uma depressão momentânea. Percebi, a propósito, que a indignação não tinha, sobre as pessoas de quem falo, outro efeito senão inflar seu orgulho desmesuradamente, e eu não gostaria de contribuir para sua insensibilidade. "Então, não diga nada!", vocês talvez escrevam. Ai! Bem sei que tal assunto não me valerá suas boas graças, mas não escrevo para merecê-las. Ingleses! A pior imprudência é desdenhar os medíocres; a mediocridade é um gás sem cor e sem cheiro: fazemos com que se acumule tranquilamente, e o gás explode, de repente, com força incrível. Muitos de vocês se desinteressam pelo futuro do cristianismo, e eles virarão estas páginas com tédio. Os outros apenas dão atenção às marcas exteriores e materiais de sua decadência; todos os domingos, contam nos dedos os párocos presentes no sermão. Mas o sinal fatal para todos nós – sim, para todos nós, crentes ou descrentes! – não é que os cristãos sejam menos numerosos, mas que o número de cristãos medíocres esteja aumentando. Vocês podem até mesmo rir dos cristãos medíocres, mas a força de que esses dispõem é imensa. Todas as academias do Universo poderiam reunir-se a fim de promulgar solenemente uma nova moral, mas, assim que saíssem de suas oficinas, o elixir intelectual não tardaria a dissipar suas essências... Enquanto esses milhões de cristãos, por mais degenerados que fossem, teriam um direito adquirido, real, sobre uma moral tão familiar a todas as consciências há tantos séculos, a ponto de que esta se tenha transformado em nossa própria consciência – e nunca é demais dizê-lo –, tal consciência penetrou nosso subconsciente; de certa forma, informa nossos instintos, é uma moral encarnada. Oh! Sem dúvida, seus preceitos são escritos em grandes livros e a caridade que lhes dá a vida toca sempre certo número de corações predestinados! Mas todos os devotos conformistas dispersos pelo mundo, a quem vocês olham com indiferença ou ironia, se nada pode fazer contra os preceitos, são muito capazes de alterá-los a longo prazo, com a prática e o uso. Se quiserem me permitir outra comparação, eles não contêm a fonte do rio, mas asseguram seu débito. Para um crente como eu, esse fato não tem a importância que deveria ter aos olhos dos incrédulos. Um cidadão sensato, por mais que seja absolutamente estranho a qualquer dogma religioso, não poderia considerar friamente um tipo de homem que, controlando boa parte do vocabulário da moral, agisse dessa forma em praticamente todas as consciências. A menor das inflexões da opinião cristã em geral pode ter consequências sociais e culturais de prodigiosa gravidade. Não seria tal inflexão que mereceria, hoje, colocar o gênio da França, herdeiro da civilização helênica, a serviço de um humanismo desumano? Isso é algo que se repete incessantemente, pela necessidade da propaganda: um retorno aos princípios cristãos poderia salvar o mundo, e esperando lhes dar provas disso usando as máximas do Evangelho. Mas os princípios, por si sós, não poderiam salvar a quem quer que seja; os princípios não salvam sem os homens. Prefiro dizer-lhes que, a certo ponto de inflexão, a certo grau de adulteração, os bons princípios certamente arruinarão o mundo muito mais que os maus princípios. Acreditem em mim se quiserem, mas, em todo caso, que importa? Não lhes peço que partilhem de minha fé. Convido-os a ver onde está o perigo no lucro das sociedades ameaçadas: não na subversão das Forças do Mal, mas na corrupção das Forças do Bem. Mesmo que se lhe deplore, não há nada melhor que comparar as novas morais com a moral cristã, e vocês estariam errados em acreditar que as novas morais nada poderiam adicionar de válido em oposição à moral cristã, como se as máximas do Evangelho fossem axiomas de Euclides! Na opinião de muita gente, pelo contrário, a doutrina evangélica é um paradoxo, um desafio; foi assim que surgiu, outrora. O caráter sagrado da pessoa humana é uma tese mais difícil de defender que a tese oposta: a dependência absoluta do indivíduo para com a comunidade. Ao que parece, na Alemanha estão começando a livrar-se dos enfermos e dos débeis mentais pelo método da eutanásia. Pelas mesmas razões, também poderiam ser destruídos muitos outros produtos menos deteriorados, mas que correm o risco de custar à sociedade mais do que trazem a ela. Um raciocínio análogo poderia fazer com que eliminassem uma parte dos pobres, especialmente aqueles a quem uma longa hereditariedade familiar de pobreza dá poucas chances de ascender a uma melhor condição por meios próprios. No fim das contas, essa depuração dos pobretões é tão justificável quanto a depuração dos rebeldes. Se vocês não fossem cristãos, se não corresse em suas veias o sangue da antiga cristandade, tal depuração não escandalizaria mais sua consciência que quanto o assassinato de um escravo, em tempos passados, já revoltou um cidadão de Roma ou Cartago. E se quiserem comparar tão somente a letra do Evangelho com esta lógica feroz, estarão derrotados de antemão, meus caros amigos. O Diabo é o maior dos lógicos, não há lógica comparável à lógica do Inferno. Não esperem nenhum socorro da letra; apenas o Espírito pode salvá-los. Crentes ou descrentes, todo enfraquecimento do espírito é uma catástrofe para cada um de vocês. Diante do perigo que nos ameaça, somos solidários: nós nos salvaremos ou pereceremos juntos. A palavra caridade talvez não tenha, para muitos de vocês, um sentido muito preciso, mas que importa? Cada parcela da divina caridade de Cristo é hoje mais preciosa à sua segurança – à sua segurança, digo eu – que todo o numerário encarcerado nos caixas do Banco Nacional Americano. Sem a caridade, as massas cristãs que vocês veem avançar lentamente nos congressos eucarísticos atrás de seus pastores, tão disciplinadas na aparência, não valeriam muita coisa para defendê-la. O que as massas cristãs lhes mostram não é, nada mais é que uma massa de pão grosseira, cuja levedura vocês não conseguem enxergar. Vocês têm olhos só para os jovens esportistas, para os sacristãos, os notáveis, para o tambor e para a música. Talvez vejam o pálio suntuoso como um estandarte, com suas franjas e penachos? Isso não é nada, ainda. Há, sob esse pálio, uma minúscula hóstia branca, certamente invisível do lugar onde vocês se encontram. Ora! Não esperem que eu me perca aqui em frases ternas e comoventes: não lhes diz respeito o que penso sobre o que, para mim, é mil vezes mais precioso que a vida, e não tenho, de forma alguma, a intenção de convertê-los ou edificá-los. Desejo fazer-me entender por todo homem razoável, ou seja, todo homem capaz de aceitar lealmente os resultados de uma experiência... Há, então, essa minúscula hóstia. E há, ainda, perdidos aqui e acolá, nesta imensa multidão – que, certamente, passa despercebida por vocês –, velhos padres tímidos, homens, mulheres, crianças, com ou sem juízo, que importa?! Não os busquem entre aqueles que mostram as córneas, a língua, que fazem caretas extasiadas. O que essa gente tem no coração raramente se expressa em seus traços e, a propósito, ela não sabe o que tem no coração; mas Deus sabe. Entre a hóstia branca e esta humanidade tão pouco digna da atenção dos observadores e da objetiva das câmeras, há uma troca misteriosa; eis o que conta, é como tenho a honra de lhes dizer. Independentemente da forma com que vocês possam explicar o fato, tal troca se impõe, sempre se impôs ao longo das eras. A partir do momento em que se encontram ameaçados não os tesouros da Igreja ou o seu prestígio, mas sua Fé, os pobres-diabos insignificantes de que falo se tornam mártires; e, disto, vocês estão tão conscientes quanto eu. Dizem, tranquilamente, "não!" aos poderosos a quem, ainda na véspera, saudavam humildemente; e, a propósito, o "não!" que lhes dizem é tão humilde quanto sua saudação, mas é implacável, inflexível, inexorável. A doce teimosia dos predestinados fez com que se vertesse mais sangue – seu próprio sangue – que todo o orgulho dos conquistadores. E, fato ainda mais surpreendente – deem a isso as razões que quiserem, pouco me importa! –: vê-se fermentar, então, pouco a pouco, a grosseira massa de pão de que eles foram a levedura. Os devotos tornam-se indulgentes, os devotos caridosos, os avaros pródigos, os casuístas simples como crianças, os calculadores fogem diante do risco, os prelados políticos perdem a astúcia, e os tiranos, mestres dos palácios e das basílicas pavimentadas de ouro, ouvem, de repente, com estupefação, angústia e espanto, a velha Igreja rejuvenescida que canta no fundo das catacumbas. Oh! Perdão, vocês poderiam censurar em mim o tom lírico; de fato, de forma alguma é minha proposta aqui emocioná-los fazendo-me de poeta. Eu também poderia ter dito, de maneira mais simples, que a cristandade dá a medida de sua força apenas na provação. Não é o infortúnio que a torna mais forte, mas o infortúnio coloca as pessoas em seu lugar, e os santos na primeira fileira. Tenho, portanto, o direito de concluir disso que, se diante do perigo que ameaça o mundo vocês têm perfeitamente o direito de usar a Igreja – a Igreja está a serviço de todos, a Igreja contempla com Maria, não desdenha do fato de comer da sopa da gente pobre com Santa Marta –, não é preciso que vocês lhe desejem a perseguição que a diviniza – esse voto seria pouco caridoso –, mas é absolutamente necessário que lhe desejem heróis e santos. A Igreja é uma grande potência temporal? De acordo! Avidamente, vocês fazem as contas de seus efetivos, de suas organizações de propaganda, de seus jornais, de suas influências políticas admitidas ou secretas, de seus grandes recursos. Nada disso deve ser negligenciado, sem a menor dúvida, vocês sempre pagarão caro demais, vocês serão roubados. Quem pretende usar a Igreja com fins realistas, com espírito realista, será sempre vítima do mercado. Na exata medida em que pensam ligá-la a si por sábias discussões de preço, vocês a separam daquilo que faz sua verdadeira força. Não se trata, aqui, de mítica – repito –, mas de experiência. Nunca os partidos clericais dispuseram, em nosso país, de meios tão poderosos quanto tiveram ao longo dos últimos anos que precederam a guerra. Eles tinham os pés em todas as esferas, como dizem; apenas os pés! A próxima liquidação de sua pueril revolução nacional lhes provará que eu tinha razão em não apostar um único tostão nas chances deles.

*

Entendo muito bem o raciocínio do político realista. Tal político não se propõe, de forma alguma, fundar uma sociedade cristã, mas espera apenas que os cristãos defendam a sua. Tal político pensa que os milhões de párocos de lenço azul, amarelo, verde, vermelho, agrupados pelos RR. PP. Jesuítas lhe farão excelentes recrutamentos. Grandíssimo erro, caro amigo! O valor propriamente humano dos párocos é muito inferior ao que vocês lhes atribuem. Deixem-me dizer-lhes, mais uma vez, que um cristão medíocre é um homem muito pobre, geralmente inferior a qualquer descrente de sua categoria, pois se encontra em contradição com a verdade que profere e não consegue resolver tal contradição senão pela casuística e pela impostura. Vocês contam com ele para defender sua sociedade, e o raciocínio dele é análogo: ele conta com sua sociedade para defendê-lo. Vocês enganam um ao outro, pois cada um de vocês espera dar muito menos do que o que receberá. Enfim, para um realista, a colaboração com a Igreja é um tapa-buraco, enquanto, para a Igreja, a colaboração com os realistas é o menor dos males. Esse espetáculo é um dos mais amargamente cômicos que a história jamais viu.

*

Ingleses, chego, enfim, ao término de minha longa mensagem. Envio-a, como outras, das profundezas de minha solidão. Ao falar-lhes, falo aos meus: não posso ter esperanças senão em vocês, homens livres, para transmiti-la aos homens ainda livres do meu país. Se eu estivesse entre vocês, talvez não ousasse escrevê-la. Eis que já escrevi páginas e páginas e o assunto me leva aonde eu nunca teria chegado por vontade própria; mas o que está escrito permanecerá escrito: não voltarei atrás. O que vocês acabam de ler não é um requisitório, nem uma defesa, nem nada que se pareça com um discurso na forma. Mas se eu não tiver de sobreviver tempo o suficiente ao desastre de minha nação para ver chegar o dia da justiça, ao menos vocês terão ouvido o sofrimento de uma consciência francesa. Ingleses, vocês gostariam, talvez, de acreditar na intenção obscura de tranquilizá-los quanto ao futuro, que o infortúnio universal é obra de um pequeno grupo de indivíduos, como lhes assopra aos ouvidos a crônica política ou mundana. Ou ainda, assim como lhes afirmam os oráculos de estilo profético, que há causas morais profundas, tão profundas que vocês julgam inútil, de imediato, descer até elas com esses senhores. Pessoalmente, estou farto das tagarelices e falatórios, estou ainda mais farto das dissertações escolásticas, repletas de palavras incompreensíveis ao povo que dão a ilusão de que o destino do mundo é, atualmente, decidido nos congressos de filosofia. Ingleses, ingleses, se vocês pudessem ouvir o chamado de um homem simples, que deve o pouco de sua clarividência apenas à fidelidade e ao amor... Não tenham pena da França! "Não quero sua piedade", ela lhes dirá, "não é que me humilhe, mas sua piedade os faz correr o risco de ser desviados do caminho." Ingleses, ingleses, não pensem estar quites graças à piedade que tiveram desse grande infortúnio; antes, aprendam a lição. Enquanto eu estiver vivo, repetirei que a derrota moral do meu país deve ser responsabilidade dos que eram os guardiões naturais de sua consciência, e a prova de que falharam é o fato de que nós os vemos explorar tal fracasso em seu proveito, cinicamente. É o mesmo tipo de homem que, amanhã, explorará sua vitória. Suponham que um milagre ou algum fato imprevisível – um vislumbre de genialidade de um chefe militar, a invenção de um engenheiro, como poderia eu saber? – nos tenha dado a vitória no ano passado. As mesmas elites supostamente nacionais – burgueses conservadores, generais, almirantes, arcebispos que hoje nos convidam a ver no Senhor Hitler o instrumento providencial que os vinga – empertigavam-se em nossa honra, assim como se empertigam agora em nossa vergonha. Ingleses, há muitos meses, os chefes das democracias falam, com boa vontade, sobre os princípios cristãos. Que desconfiem dos princípios! Nossas elites tinham princípios, fervilhavam de princípios como cadáver rodeado de moscas. Não se surpreendam se um católico lhes falar com essa linguagem, pois é justamente por ser católico que lhes falo assim. Minha Igreja é a igreja dos santos. O culto dos santos escandaliza muitos de vocês, que os creem prisioneiros da Igreja. Mas é a Igreja sua real prisioneira. Quando vivos, eles lhe deram tudo. Mortos, fazem-lhe uma tradição viva, são suas testemunhas e seus juízes. Para os doutores da Lei, os escribas e os fariseus, certamente foi apenas um jogo oprimir Joana d'Arc com sua dialética. Mas eles estão mortos, enquanto sua vítima ainda está viva, realmente viva, irrefutável em vida e honra. Ela desconcerta hoje muito mais os eminentes Baudrillard e Gerlier do que nos teria desconcertado outrora, em Rouen; não preciso lhes dizer por quê. Dessa pequena Lorena, teimosa como todos de sua raça, esse pequeno pajem de Deus, verdadeiramente ousado como todo pajem – porque não se pode ousar escrever "insolente" –, de quem cada ato, cada palavra tem sido um desafio aos Sábios, aos Prudentes, aos Políticos, eis que os Sábios entre os Sábios, os Políticos entre os Políticos – quero dizer, os homens da Igreja – deram, por uma promoção solene, irrevogável, a menor frase saída de seus lábios, que os escrivães do Tribunal nos transmitiram através dos séculos, um valor de ensinamento. Não é que a pobre menina não tenha sido sábia o suficiente para definir a Pátria, a Honra, o Juramento, a Guerra Justa, mas os doutores que agora tentam defini-los não podem evitar escrever como se não estivessem em sua presença, com esse mesmo olhar orgulhoso, inocente, um pouco gracejador, com o qual outrora ela considerou seus juízes. Vocês entendem? Aqueles entre nós que gostariam de arriscar certa justificação à nossa derrota, apoiando-se na palavra do Evangelho que permanece misteriosa – "Quem matou com a espada, com a espada perecerá" –, deveriam recomeçar o processo de Rouen; e eles não podem mais. Nossa Igreja é a Igreja dos Santos.

*

Ingleses, americanos, cristãos da religião reformada! É verdade que nossa Igreja se parece, de longe, com qualquer outra instituição humana; nela, a velhice e o espírito da velhice parecem mais poderosos que em outros lugares. Não se enganem! Ela é justamente a única em que a infância não é guardada pela velhice, mas em que os anciões estão sob a guarda das crianças. Não é emocionante pensar que, ainda hoje, enquanto a Igreja de meu país se entrega mais que nunca a todas as especulações frias da prudência senil, eleva tão alto duas jovens, Santa Joana d'Arc e Santa Teresa do Menino Jesus?

Setembro de 1941

No fim de meu livro *Os Grandes Cemitérios sob a Lua*, me permiti falar ao Senhor Hitler em tom familiar. Por que não me endereçaria, agora, também ao Senhor Roosevelt? Faria isso com ainda mais gosto, pois este monólogo inofensivo provavelmente não chegará mais que o primeiro aos ouvidos de meu ilustre interlocutor. Caro Senhor Roosevelt, dir-lhe-ia eu, o senhor teve certamente o prazer de saber, em 1938, que os bispos americanos chamavam todos os católicos à cruzada em favor da democracia cristã. Era, então, certamente, um fato considerável, mas não me pareceu, em suma, mais considerável que o chamado do episcopado espanhol em favor da Cruzada Falangista. Esses grandes eventos, infelizmente, estão fora do alcance de um modesto escritor como eu. Frequentemente, desde o advento do Senhor Mussolini, tanto ouvi falar da cruzada que esta palavra perdeu, para mim, um pouco de seu sentido mágico. Não fique zangado se eu lhe disser que as cruzadas me interessam menos que os cruzados, pois é possível imaginar, com rigor, cruzados sem cruzada, mas não se poderia conceber cruzada sem cruzados. O episcopado da América está certo de seus cruzados? Peço perdão por fazer tais perguntas. Não as faria se os episcopados italianos, espanhóis ou alemães fizessem um chamado análogo em favor da mesma causa: os que respondessem a tal chamado, certamente, seriam heróis. Caro Senhor Roosevelt, temo que, cá deste lado do Atlântico, tal empreendimento tenha, sobretudo, caráter de reclamação de lealdade para com as instituições estabelecidas, ou de mobilização intelectual. Meu ilustre amigo Jacques Maritain acaba de fundar em Londres com o Senhor Christopher Dawson, com o mesmo espírito, sob a presidência do cardeal Arthur Hinsley, um boletim mensal intitulado *O Gládio do Espírito*. Não são as inteligências que estão enfermas, mas as consciências. E as consciências enfermas estão bastante de acordo com sua enfermidade, não têm pressa de se curar, recusam-se a ler os livros de medicina, ou se esforçarão para incluí-los no *Index*... Se, depois de 2 mil anos de cristianismo, ainda era necessária toda a ciência dos doutores para estabelecer que dois mais dois é quatro, ou seja, que não se tem o direito de perjurar, nem de fuzilar inocentes, nem de resolver a questão judaica – *pois existe uma* – pela exterminação dos judeus, nem de abrir saídas econômicas com a ajuda do gás de mostarda, seria o caso de perder as esperanças na cristandade. Falar, a propósito, dos mal-entendidos, equívocos ou ajustamentos parece-me a prova de certo atrevimento. Caro Senhor Roosevelt, acredite em mim: quando a Igreja faz muita política, é porque não faz muitos santos, como um doente, por falta de exercício, pode desenvolver eczema. Caro Senhor Roosevelt, o senhor tem absoluta razão em pensar que Deus escolheu sua nação para decidir, amanhã, em última instância, o destino da cristandade. É uma grande honra, mas é também um grande peso ser assim constituído pela Providência o executor testamentário dos mortos, pois os que até aqui caíram por tal causa não tinham seu sangue nem eram de sua terra. No momento em que a vontade americana se presta a fazer com que o prato da balança se incline, permita-me dizer-lhe que o senhor dispõe de seus inúmeros sacrifícios, como já dispõe de todo o ouro dos continentes. Nunca um povo correu o risco sobrenatural que o seu povo vai afrontar. É preciso que esse povo salve a civilização cristã, ou que pereça com ela, tendo grandes probabilidades de ser condenado, pois não existe perdão para quem trai o Espírito.

*

Caro Senhor Roosevelt, até mesmo o senhor, que pertence à religião reformada, sabe que, desde a primeira noite de Natal, há um nome comum a todos os cristãos: os homens de boa vontade. O senhor é um homem de boa vontade. E, além disso, tem o poder e o talento. Seu adestramento da opinião americana pode ser visto, justamente, como uma obra de arte de reflexão e de intuição, uma obra de arte de proporções irrepreensíveis, um modelo de estilo, se é possível dizer que, para o indivíduo, o estilo é a perfeita apropriação da expressão. Em muitas proporções, seu povo permanece desconhecido de nós, franceses, mas seu gênio é daqueles que agora entendemos muito bem: lúcido e apaixonado, prático e sensível. Os grosseiros alemães reprovariam, nesse gênio – assim como reprovam no nosso –, o caráter feminino. Sim, ele o tem. As mulheres de sua linhagem devem ter sido nobres, parecidas com aquelas que honramos, às quais nossa raça tanto deve. De um homem como o senhor, não se poderia esperar o apriorismo selvagem de um coração ou de um cérebro alemão. É certo que não espera, sem a Igreja ou contra ela, refazer uma civilização cristã. É tão certo quanto a grandeza, o poder, a eficácia temporária dessa instituição colossal possa ter algo que fira uma consciência protestante. Ai! Sabemos bem que se lhe reprovam certos erros, faltas, ou mesmo crimes. Se, em todos os elementos que a compõem, ela nunca tivesse poder senão para o Bem, o reino de Deus teria chegado, o voto do *Pater* teria sido cumprido. Seus erros são o resgate do Poder. E, quando esse poder temporal não tem mais ordem, senão pela justiça e pela caridade, é porque os mestres temporais do mundo pretendem, de uma maneira ou outra, associá-lo aos seus desígnios, usá-lo para dominar as consciências. Esse cálculo é idiota, permita-me dizê-lo, caro Senhor Roosevelt. Tal cálculo fez da Espanha, outrora, o terror e, em seguida, o escárnio da Europa. os reis, os imperadores ou as repúblicas, com toda sua ingenuidade, pensam que dominam a Igreja, mas dominam apenas uma pobre espécie de homens. Todas as igrejas têm seus conformistas, mas é bastante natural que sejam mais escandalosos que os demais conformistas da Igreja em que o divino Fundador julgou por bem substituir o reino da Lei pelo reino da Graça, Fundador que, justamente, foi posto na cruz pelos conformistas de seu tempo. Caro Senhor Roosevelt, desde que o cristianismo se enfraqueceu, vemos multiplicar-se pessoas sobre quem S. S. Pio XI dizia serem "individualistas espirituais" e que, bem decididas a realizar sozinhas a salvação, preocupam-se com a salvação dos outros tão somente na estrita medida em que pensam que tal solicitude interesseira favorece a sua. Para elas, a fé cristã não é uma vida inteira de dedicação, um risco a correr, mas uma segurança análoga àquela que, no plano material, propõem as companhias de seguros. Elas têm inveja dessa fé como têm inveja de seu bem, têm dela orgulho como têm orgulho de uma doação da qual estão certas de merecer, de uma condecoração, de um título. Vivem sob o terror de perdê-la, e sua docilidade para com seus pastores se parece muito menos com a de um soldado que segue seu chefe no campo de batalha do que com a confiança cega que um enfermo obcecado deposita em seu médico. Caro Senhor Roosevelt, ria daqueles que gostariam de fazê-lo acreditar que é com essa gente que se salvará o mundo. Essas pessoas estão fartas de preservar a si mesmas graças às inúmeras obras de assistência e de proteção que, do berço ao túmulo, sempre sustentaram sua frágil santidade. Contudo, não as julgue sempre inofensivas! Ao contrário do que se imagina, é a fé vacilante que cria os fanáticos, e, quando surge a oportunidade, os medíocres não hesitam um segundo em fazer com que os incrédulos paguem caro por suas próprias incertezas. E, desse modo, com poucas perdas, criam para si a ilusão de amar sua Igreja tanto quanto odeiam seus inimigos. Caro Senhor Roosevelt, entre elas, atualmente, encontra-se muita gente valorosa, mas, como já tive a honra de lhe dizer, nada há de mais perigoso que manipular as consciências da gente valorosa, quando essa gente valorosa é falsa. Desde que o senhor e o Senhor Churchill começaram a falar com mais frequência em restaurar os valores cristãos, surgiu nelas enorme agitação; acham que esses valores são elas mesmas... Uma vez que suas democracias forem vitoriosas, o senhor as verá acorrer em multidão para as democracias. Nada poderá igualar o zelo das democracias cristãs de Roma, de Berlim ou de Madri: elas farão vergonha às democracias cristãs da Inglaterra ou da América com sua frieza. Caro Senhor Roosevelt, não transforme os pobres padres, religiosos, freiras ou jovens freiras que apascentam rebanhos decepcionantes em responsáveis por esta dolorosa comédia. Alguns deles, evidentemente, se iludem quanto ao valor de suas ovelhas, ficam felizes ao vê-las tão rechonchudas, tão limpinhas, tão peludinhas; o que é, a propósito, um sentimento muito natural. Eles apascentam o rebanho, mas não tiram nenhum proveito. Os que os exploram, os que exploram sua mediocridade, seus preconceitos, os partidos que tomam, seus erros e seus terrores são precisamente estes, exatamente estes – ou seus semelhantes – que hoje trabalham arduamente na França: políticos, jornalistas, mulheres ambiciosas, intelectuais falidos, burgueses amargurados, militares obtusos, monges intrigantes, monsenhores diplomáticos e políticos. Eles controlam a opinião católica corrente, mas essa opinião é nada, é menos que nada, nunca serviu senão como pretexto para regateios vantajosos, para colaborações vantajosas, para reuniões que custaram muito caro. Os exploradores da mediocridade costumam trabalhar na sombra, mas, pela vontade de Deus – assim espero –, o infortúnio do meu país começa a revelá-los a vocês: eles agora são visíveis, como a colônia de micróbios no documentário projetado na tela de cinema... Caro Senhor Roosevelt, quando chegar o momento, sei que linguagem esse tipo de gente vai lhe endereçar: "Não nos gabamos de ser a cristandade, mas nossas poderosas organizações sempre exprimem a opinião geral da cristandade da Europa. Somos os mais capazes de colaborar com os homens do Estado. Certamente, honramos os heróis e os santos. Infelizmente, os heróis e os santos não fazem política. Assim, não seria possível não usar nossos serviços. É certo que nos comprometemos um pouco com o Senhor Mussolini e com o Senhor Franco, e é por essa razão que é preciso ter disciplina; esta palavra está inscrita em nossos programas. Mas a palavra liberdade pode ser encontrada também nela, e podemos tratar com o senhor nesta base". Caro Senhor Roosevelt, eu gostaria que o senhor lhes respondesse nestes termos: "Senhores chefes da opinião cristã da Antiga Europa, há muitos anos nós os observamos e, para falar sinceramente, ainda que muitos se tenham ligado à Nova Ordem Hitleriana, constatamos, com pesar, que vocês frequentemente usam métodos um pouco cínicos, evidentemente inspirados nos métodos das ditaduras, no espírito de hipocrisia e compromisso que ontem censuravam nas democracias. Vocês podem facilmente nos considerar a nós, americanos, homens ávidos e frívolos. Somos menos interesseiros que parecemos e vocês o são infinitamente mais do que dizem ser. O exemplo que acabam de dar, na França, se contrasta singularmente com suas declarações do pré-guerra, e isto nos confirma as conclusões lastimáveis que tiramos da guerra da Espanha. Vocês se vangloriam de ser tradicionalistas e nos acusam de falta de tradição. Suspeitamos que vocês sejam mais conservadores que tradicionalistas, e nos dão a prova de que são, na verdade, conservadores consigo mesmos. Agradeço suas ofertas, mas não preciso de vocês. De que vale me assegurar de seus serviços, uma vez que nunca os recusarão a mim enquanto eu for o mais forte? Em uma sociedade agonizante como essa que acaba de desmoronar, vocês podiam, por vezes, ser úteis, quando prolongavam equívocos nem sempre nocivos, pois estes retardavam uma crise que o mundo era, então, incapaz de superar. Agora, isso acabou. Não sacrificamos milhões de homens para que isso terminasse em um contrato! Oh! Sem dúvida, vocês me dirão que a Revolução ainda ameaça, que os poderes da desordem não se desarmaram. Que seja! É possível que, em caso de necessidade, nossa sociedade renascente se defenda pela força. Mas nosso exército está completo, não precisamos de sua presença na qualidade de exércitos suplementares. Vocês desejam, ao menos, que eu os autorize a manifestar publicamente sua simpatia pelos exércitos? Inútil. Para executarem a palavra de ordem, os exércitos não precisam de seus aplausos. À falta de exército, é aos proprietários ameaçados que vocês desejam levar seu encorajamento? Vocês acham mesmo que, privados de seu apoio moral, eles se permitirão duvidar do próprio direito? Julgo que seus temores são vãos. Muitas e muitas vezes, a Igreja Católica definiu a

Propriedade segundo o Direito Cristão. Seu excesso de zelo poderia fazer com que se corresse o risco de obscurecer um problema de moral humana magistralmente resolvido, levando os ingênuos a acreditar que defender os proprietários seria necessariamente defender, ao mesmo tempo, o Direito de Propriedade. Ora, os que abusam do Direito de Propriedade não cometem um erro menos grave que aqueles que o renegam. Caros Senhores, sabemos que existe um imenso exército da desordem, sempre pronto a transformar a própria sociedade, sem a qual nenhuma civilização seria concebível, na grande responsável por nossos erros e injustiças. Existe, entre esses miseráveis, grande número de pessoas irreconciliáveis, de gente irredutível. No entanto, uma vez que a sociedade que conhecemos engendrou guerras hediondas – duas vezes em vinte anos –, não é proibido pensar que essa sociedade resolveu melhor o problema da Miséria do que o problema da Paz. Disso, concluo que não devemos perder as esperanças em restituir a Ordem, pela Justiça, estas massas dolorosas que seus ditadores tão vaidosos e seus chefes de cruzada pretendiam exterminar mediante operações policiais e leis de exceção. Provavelmente, isso seria possível em nosso país, na América. Provavelmente, seria ainda mais possível em seu continente, na Europa, berço da cristandade. Vocês me dizem que tais massas são descristianizadas. Seriam elas tão descristianizadas quanto dizem vocês? Entre um bravo operário parisiense que, sem nunca ter ido às aulas de catecismo, se revolta contra o uso de gás mostarda na Etiópia, e o devoto italiano que aprova tal uso, quem é o mais cristão? Mas deixemos isso de lado. O berço da cristandade quase se tornou seu túmulo. A Europa é um objeto de escândalo e é preciso que esse escândalo chegue ao fim. O milagre da fé, do heroísmo e do amor que a Igreja realizou outrora não pode ser renovado? É uma triste necessidade que os chefes de Estado cristãos tenham, em certos momentos, de defender a ordem, custe o preço que custar, mesmo contra os infelizes perdidos de quem, do fundo de nosso coração, sentimos tanta pena. Nessas conjunturas, parece-me que seu lugar não é perto de nós: seus encorajamentos nos incomodam, antes de tudo. É muito bonito dar a César o que é de César, mas peço-lhes: não se apressem, esperem para ver o que César vai lhes pedir! Não esperamos que vocês sempre se comprometam a nosso favor, pois, com muito compromisso diante dos mestres, de que missão poderíamos encarregá-los para os escravos? Quando se pretende pregar a resignação, a submissão, a paciência na humilhação e na injustiça para os pobres-diabos em nome do bom Deus, é conveniente aprovar publicamente o fuzilamento desses pobres-diabos assim que pararem de praticar tais virtudes – bastante heroicas e fora do alcance de muitos religiosos, a propósito – e que nos colocarão diante da triste obrigação de responder à violência? Neste caso, vocês nos serviriam muito melhor, serviriam à Ordem e ao Estado de maneira muito mais eficaz, e até mesmo nos poupariam muitas tolices ao nos arrancarem a arma das mãos. Caros Senhores, vamos tentar fundar uma sociedade cristã, ou seja, uma sociedade baseada nas noções cristãs de Igualdade, Liberdade, Fraternidade. Isso não quer dizer que a sociedade será perfeita, longe disso! Podemos até mesmo ver muito bem, de antemão, o que faltará a essa sociedade. Sendo assim, não se percam por excesso de louvores! Não triunfem nisso! Não queiram desforra! Não se estabeleçam imediatamente, com excesso de conforto! Não batam os tambores das procissões reparadoras de forma muito barulhenta! Vocês incomodariam gravemente nosso trabalho e, mais ainda, incomodariam o trabalho de seus irmãos católicos, esse enxame de abelhas de que vocês são o zangão. Sua publicidade barulhenta, ora insolente, ora servil, e suas negociações escandalosas, ostentadoras, com os chefes de grupos e com os governos – que, a propósito, não têm, em suma, outro objetivo senão tranquilizar sua clientela de eternos medrosos – podem acabar desviando o coração da pobre gente dos verdadeiros apóstolos. Vocês me dirão que, na Europa, é preciso desconfiar de um novo impulso de anticlericalismo. Deste lado aqui do Atlântico, não temos uma ideia muito clara do que significam as palavras 'clericalismo' e 'anticlericalismo'; contudo, as entendemos o suficiente para afirmar que elas são a dupla expressão de um mesmo vício do espírito e do coração. Onde o clerical prospera, o anticlerical não tarda a aparecer e, por sua vez, prospera também. Mas tenho vergonha de falar de tolices do tipo a respeito da grande tarefa solicitada por todos os cristãos. Não pedimos que se posicionem respeitosamente atrás de nós, pelo contrário: imploramos que passem adiante e nos mostrem o caminho. Não precisamos que nos repitam as distinções legítimas entre a liberdade e a licença, a justiça relativa e a justiça absoluta, a coragem e a temeridade, o desperdício e a generosidade. Infelizmente, não é por excesso de liberdade, de justiça, de heroísmo ou de magnificência que estamos ameaçados! As sociedades humanas estão sempre muito tentadas a sacrificar a segurança do presente pelas promessas do futuro, a acreditar que chegaram a um ponto antes mesmo de terem saído do lugar. E não é vergonhoso ouvir tantos cristãos nos pregar não apenas a prudência, mas o baixo humanismo que tanto transborda de experiência e história, que repete incessantemente que nada muda, que tudo recomeça? Pensávamos que Cristo veio trazer ao mundo um princípio de renovação, que, ao passo que dá a cada homem a possibilidade de superar a si mesmo, também deveria servir as nações. Vocês, assim como nós, acreditam nisso? Então, por que diabos agem como se não concordassem? Ao que parece, vocês organizam tudo em seu respectivo país a fim de se prepararem para não mais precisar de santos e heróis. Não tenho títulos acadêmicos para lhes dar uma aula sobre isso, mas, a julgar ao menos pela derrota da França, suas poderosas organizações, que lhes custaram tantos pesares, intrigas, concessões e dinheiro, aparentemente não foram muito favoráveis, se não à manifestação dos santos – de quem Deus é o mestre –, ao menos à produção natural dos heróis. Portanto, não me queiram mal se desconfio de vocês. Uma das mais tristes necessidades de nossa profissão, nós, os condutores de povos, é ter de servir aos medíocres. Mas os cristãos medíocres, caros Senhores, têm um lugar difícil demais ou, ainda, não encontraram seu lugar: é o que acontece a eles, assim como aos grandes senhores desclassificados, que não podem ser transformados nem em chefes nem em subalternos. Em vez de me vangloriarem pelas eventuais vantagens de sua colaboração, decidam-se, de uma vez por todas, se preferem ser medíocres ou cristãos. Ao falar-lhes assim, caros Senhores, sinto-me absolutamente em meu papel de chefe de Estado. Sua concepção de chefia de Estado está visivelmente ultrapassada: é a de um mundo divido entre plebeus e patrícios. Fiéis às suas lembranças de colégio, vocês fazem, evidentemente, votos para Silas contra Mário. Um único ato de indisciplina tem mais importância para vocês que cem abusos de poder e, a propósito, os abusos de poder não lhes causam medo: vocês se gabam publicamente de preferir a injustiça à desordem. Infelizmente, o exemplo da Alemanha acaba de provar que as massas plebeias podem muito bem se tornar cúmplices de Silas. Começamos a entender que o aniquilamento universal, não apenas o das liberdades, mas do Espírito de Liberdade, seria uma desordem pior que todas as outras ou, ainda, que tal desordem seria desumana, no sentido exato da palavra. Os ditadores não se apresentam mais a seus povos com o chicote em punho, mas dizem-lhes: 'Não queremos o que lhes for realmente útil, queremos apenas sua alma. Cedam-na a nós, como cedem-na às outras necessidades da vida, não discutam nosso direito, deixem-nos julgar o bem e o mal em seu lugar. Deem-nos sua alma de uma vez por todas e, assim, perceberão rapidamente que isso lhes custou apenas um sacrifício de amor-próprio, que sua alma era um peso além do que suas forças poderiam suportar, um luxo arruinador. Neguem sua própria alma e, não tendo mais a obrigação de governarem a si mesmos, nós os administraremos como um capital, faremos de vocês um material tão eficaz que nada poderá resistir a ele. Os homens sem consciência, agrupados em colônias comparáveis às das térmitas, triunfarão facilmente sobre as demais colônias. A Besta humana, engenhosa e sagaz, cuidadosamente selecionada de acordo com os melhores métodos, dominará facilmente o pobre sonhador a quem, outrora, chamávamos de homem moral, tolo o bastante para sofrer inúmeras adversidades pela vã glória de distinguir-se dos animais por qualidades outras, tais como astúcia ou crueldade superiores. Todas as riquezas da terra pertencem, de antemão, aos que se engajarem primeiro com o novo caminho, aos que, antes, renunciaram à sua alma'. Caros Senhores, não é mais uma questão de discutir o que é preferível, a injustiça ou a desordem. A questão é salvar a justiça para salvar a ordem. Nessa luta decisiva, é preciso que os simples estejam conosco. De que podem nos servir os homens sempre de mau humor? Se os povos estão prontos a negligenciar a causa da Justiça, é porque não acreditam mais na Justiça; se negligenciam a causa da Liberdade, é porque não acreditam mais na Liberdade. Vocês reivindicam incessantemente o título de homens da ordem. Que sejam, em vez disso, considerados homens da Justiça e da Liberdade. Vocês voltarão a ser os homens da ordem quando tivermos restabelecido uma, uma Ordem segundo a Justiça e a Liberdade".

*

Caro Senhor Roosevelt, perdoe-me por falar desse modo em seu nome, sei bem que, se tivesse tal discurso, o senhor poderia desconcertar gravemente a opinião católica americana. Suponho que essa opinião seja poderosa, que disponha de muitos recursos e de uma organização técnica irrepreensível, capaz de dar inveja às comunidades rivais. É muito bom acumular reservas, e sua cristandade além-atlântico talvez seja, um dia, o arsenal das cristandades da Europa, assim como sua nação já é o arsenal das democracias. Mas os arsenais de nada servem sem soldados, caro Senhor Roosevelt, e a última palavra dos programas de armamento é sempre dos mortos. Caro Senhor Roosevelt, temo que os católicos americanos não tenham uma ideia americana do presente estado da Europa. Certamente, são homens surpreendentes, mas sempre viram, em seu respectivo país, o que se pode fazer com o dinheiro, e sabemos ainda mais o que se pode fazer sem ele. Eles vivem em paz, em um magnífico país cujas dimensões são quase as de um continente, e a questão religiosa deve lhes parecer um problema análogo aos problemas que já resolveram. Infelizmente, a questão religiosa não é apenas um problema a ser resolvido, caro Senhor Roosevelt, mas um drama, o maior dos dramas, e é preciso entrar nele, mais cedo ou mais tarde. Se esse drama não for o drama do amor, será o drama do ódio, e o drama tem sua própria lógica particular, que não é, de maneira alguma, a lógica dos políticos, nem a dos homens de negócios. A Europa está, atualmente, imersa nesse drama até o pescoço, e chegará a sua vez de imergir nele; é inútil criar ilusões. Os católicos americanos pensam que o Velho Continente sofre de um acesso de *delirium tremens*, como o bêbado que quebra tudo em casa. Eles esperarão que a crise passe e, depois disso, generosamente substituirão a louça e oferecerão ao enfermo, em consolo, o exemplo e a lição de sua prosperidade. Ilusão vã! Grave erro! Há muitas ruínas na Europa que uma boa administração certamente seria capaz de reerguer. Mas as consciências, elas não são tão facilmente restauráveis! Católicos americanos, vocês podem ter orgulho, e com razão, da paz religiosa de que gozam e que lhes permite crescer tranquilamente em número e influência, em um espírito de competição legal e quase esportiva para com as outras comunidades religiosas da América Livre. Infelizmente, se quiserem refletir mais, isso prova apenas uma coisa: sua aptidão para tirar partido de circunstâncias favoráveis. Nisso, nada existe que possa reparar, ou mesmo atenuar, o imenso escândalo que a cristandade universal acaba de dar ao mundo. O verdadeiro escândalo não é a guerra, mas a anarquia das consciências cristãs que a guerra bruscamente revelou. Bendita guerra, que ao menos a revelou a tempo! Acabou-se a crença de que as definições serviam a tudo, que bastava repetir indefinidamente os mesmos textos, como papagaios, para ter uma alma comum – estávamos unidos pela Letra e não pelo Espírito. A Igreja congratulava-se por nossa disciplina, e é verdade que ela facilitava muito suas relações com os governos, uma vez que lhes permitia garantir nossa docilidade em qualquer regime, contanto que esse fosse estabelecido. Diziam que estávamos acima da política e de seus grosseiros problemas temporários, que comungávamos juntos, para além das fronteiras, na reverência e no amor aos mesmos princípios de moral. Infelizmente, quando a Política se iniciou na Moral com a intenção de violá-la, não foi ao socorro da Moral que todos corremos. Apesar de a Moral ter dado gritos devastadores, os cristãos da Itália, Espanha, Alemanha ou mesmo da França fingiam não os ouvir. Católicos americanos, demos ao mundo o escândalo de termos nos mostrado divididos em questões de moral elementar, mas o pior escândalo não foi o da divisão: foi, e ainda é, o da hedionda casuística que a explica e a justifica. Católicos americanos, o escândalo deve ser reparado, e ouso dizer que, pela honra de Deus – pois há uma honra de Deus, o escândalo deve ser vingado. Enquanto não for reparado, expiado ou vingado, pesará em nós e em vocês. Cristãos da América, antes de pacificar os espíritos, é preciso restaurar a dignidade das consciências. Não podemos estar quites com tais consciências por declarações vagas e pomposas, como se nos fosse permitido tornar-nos, de um dia para o outro, os árbitros de uma facilidade em que aparecemos – ai! – apenas com o título de credenciadores. Se não formos sensíveis ao que é odioso no escândalo, reconheçamos, ao menos, o seu ridículo. S. E. cardeal Hinsley chamava publicamente, outro dia, o sinal hitleriano de "a cruz do mal". Cardeais italianos ou espanhóis veem nele, ao contrário, o lábaro da cruzada anticomunista. É impossível admitir mais claramente que não se distingue mais muito bem o Diabo do bom Deus. Cristãos da América, vocês me dirão que, agora, estão fielmente ao lado das democracias. O valor exemplar dessa fidelidade será diminuído pelo fato de seu país ser, precisamente, a maior e mais rica democracia do Universo... Os malevolentes insinuarão que vocês seguiram a opinião, em vez de caminharem adiante e, a propósito, eles eram, na época, tão inimigos assim do Senhor Mussolini ou do Senhor Hitler enquanto tantos de vocês se glorificavam pela cruzada totalitária espanhola? Oh! Sem dúvida, os lisonjeadores não lhes falarão como lhes falo. Que importa? Houve o escândalo de nossas divisões. Haverá, amanhã, o escândalo de nossa unanimidade, refeita bruscamente em torno das democracias vitoriosas, o que nos permitirá dizer aos pobres-diabos que temos uma maneira bastante peculiar de distinguir o Bem do Mal: com precisão, ainda que com certo atraso... Talvez vocês ainda esperem que, à falta de reparação do escândalo, se possa esquecê-lo dobrando, triplicando, decuplicando o número de obras escolares, pós-escolares, pré-escolares, educativas, preventivas, esportivas e corporativas depois da guerra, uma vez que suas possibilidades lhes permitiriam, nesse caso, a execução de um vasto programa de armamento e de provisão espiritual, fácil de avaliar anteriormente em dólares. Caros irmãos da América, os povos não têm memória tão curta; temo que a Revolução não os preceda... As derrotas são redimidas tão somente com vitórias, a preguiça e a covardia são redimidas tão somente por um impulso de coragem e audácia. É assim que se deve redimir o escândalo, redimi-lo sem atrasos, no próprio lugar em que atingiu seu mais alto grau de maleficência; e, aqui, falo da Europa.

*

Desconfiem da Europa, americanos! Sem dúvida, vocês são levados a acreditar que, ao fim desse horrível pesadelo, a velha Europa terá esgotado suas reservas espirituais, e que, desse modo, tudo que terão a fazer é vender seu próprio estoque, assim como generosamente a reabastecem com trigo e batatas. Não se enganem, caros irmãos! A Velha Europa não é, a propósito, assim tão velha: vocês se deixam levar por alguns séculos – uma miséria. As comparações não provam muito, está claro, mas esclarecerei, enfim, meu pensamento pedindo-lhes que considerem que a catedral de Chartres, por exemplo, é, na realidade, muito mais nova, ou seja, muito mais atribuída a jovens corações e jovens espíritos que tantos monumentos que, para seus milionários, há cinquenta anos, pareciam ser a última palavra do modernismo. A Europa não é velha, mas suas instituições são muito velhas para ela. Os povos da Europa não são velhos; as elites europeias, no entanto, precisariam renovar-se, mas recusam-se e entulham-nos com seus dejetos. Desconfiem da Europa, homens da América! Vocês são jovens e a Europa talvez seja mais jovem que vocês, permitam-me dizê-lo: ela é, certamente, mais nova que vocês nos tempos dos consórcios. É ridículo acreditar que as nações passam da infância à velhice, como animais, por um processo impiedoso. Na Europa, o espírito da velhice e o espírito da juventude podem dominar – ora um, ora outro –, e, se o espírito da velhice, ou seja, o espírito da avareza, dominá-la durante muito tempo, que importa o número de séculos inscritos no calendário da história? Elas ressecam, perecem: as ondas de sangue derramadas tarde demais não devolverão a seiva aos troncos áridos. Desconfiem da Europa, americanos! A crise atual não parece uma crise de senilidade. O que caracteriza a velhice é a decadência nervosa. O potencial nervoso da Europa continua enorme. Não acreditem que toda essa gente permanecerá tranquila por amanhã ter altos salários, por ser possuidora de moradia conveniente, com cozinha elétrica, aquecimento central e um aparelho de rádio. A Europa foi um foco espiritual incomparável e nunca abdicará dos direitos que reconhece para si, certos ou errados, sobre o destino espiritual do mundo. Aqui, falo dos povos, não dos governos ou das elites. As elites têm, seguramente, uma noção muito mais clara de seus direitos. O problema é que não os mantêm, e quererão vender-lhes tais direitos de bom grado, por um mero prato de lentilhas. Os povos têm a tradição, mas não têm títulos. Não coloquem na cabeça que foi a miséria que os enlouqueceu! Isso foi o que disseram por eles; eles o repetem, eles acabam acreditando, pois, claramente, não têm o hábito de analisar por si mesmos. Nossos povos talvez não saibam muito bem o que valem, mas *não querem mais* esta concepção da vida que, não injustamente, chamamos de "burguesia". Os povos não querem mais um materialismo camuflado, um materialismo que, para se definir e se justificar, explora o vocabulário do Moral e do Espiritual, com a cumplicidade de inúmeros cristãos. Eles preferem a miséria e a morte à mediocridade insidiosa que, pouco a pouco, toma conta de nossa civilização como um mofo, preferem isso à mediocridade politécnica, ao terrível vazio do conforto. Os povos da Europa preferem morrer.

Oh! Sem dúvida, tais verdades escandalizam, pois estamos acostumados a considerar a burguesia como uma classe idealista – o que é, na verdade, o ponto culminante do paradoxo –, e os povos como uma cambada de brutos inconscientes, que não pensam senão com o ventre e o baixo-ventre. Caro Roosevelt, o senhor sabe que não é verdade, e seu amigo Winston Churchill é respeitado por nunca ter sido vítima de tão grosseira impostura. Nossos povos não são medíocres. Nossos povos nunca chegam sozinhos a soluções medíocres, seja no Mal, seja no Bem. Se um dia se tornarem comunistas, será culpa nossa, pois não sabem, de forma alguma, que o marxismo é oriundo de uma concepção materialista da história: preocupam-se com o materialismo histórico como se preocupam com um infortúnio; tornaram-se comunistas exatamente como os jovens padres e os jovens nobres franceses do século XVIII se entusiasmaram com o Contrato Social e com Jean-Jacques Rousseau. Foi em nome de Jean-Jacques Rousseau que se acabou cortando o pescoço dos jovens padres e dos jovens nobres entusiastas; foi em nome de Karl Marx que a ditadura de Stálin já derramou tantos rios de sangue operário. Ai! Nossos povos acreditam ver ainda no sistema político e social o mais difícil, o mais abstrato, o mais secamente intelectual – tudo inspirado, a propósito, em uma concepção francamente pessimista do homem e da humanidade –, o próprio tipo de religião humanitária, o Evangelho de uma nova fraternidade. Caro Senhor Roosevelt, existem coisas deste lado de cá do Atlântico que, mesmo com toda sua genialidade, o senhor não poderia compreender facilmente; tais coisas nunca lhe foram ditas. Quando quiser se informar, por exemplo, sobre a crise religiosa da Europa, verá imediatamente acorrerem impotentes e tagarelas, ou ainda bravos padres, inocentes religiosos, muito ocupados em fazer o bem, humildes demais para ter uma opinião pessoal, que lhe repetem, inocentemente, o que acabam de escrever os tagarelas e impotentes nas gazetas clericais. Toda essa gente lhe declara que os povos da Europa se tornam pagãos. Perdão, perdão! Caro Senhor Roosevelt, nossos povos cabem, por nossa culpa, em uma espécie de anarquia religiosa e moral que os torna disponíveis, ai!, a qualquer tipo de revolução, comunista ou totalitária. Mas o paganismo não é uma anarquia, o paganismo é uma ordem, uma ordem, pelo contrário, bastante estrita e impiedosa, que provou sua competência durante muitos séculos. Ora! Acredite em mim, são as elites que se tornam pagãs, são as elites que, ao se proclamarem mais cristãs que nunca, ligam-se, pouco a pouco, à ordem pagã, batizada hoje de totalitária. E, mesmo assim, a ordem pagã não era injusta. A das elites deve, evidentemente, muito mais a Maquiavel e aos gângsteres podres – titulados ou mitrados – da antiga Renascença italiana que aos *Leges Corneliae*, aos *Leges Juliae*, ou mesmo aos Antoninos e aos Severos. Caro Senhor Roosevelt, as elites europeias correm o risco de pagar muito caro pela vontade que alimentaram de ligar a causa da burguesia à causa da Igreja. Para conseguir, esforçaram-se sorrateiramente para reduzir ao máximo possível o papel social do cristianismo, para fazer do cristianismo uma simples questão de disciplina interior, uma moral; uma moral privada que, em suma, regula nada além das relações de cada burguês devoto com seu confessor; tão rigorosamente privada que se admite, de bom grado – ou, ao menos, tacitamente –, que não é feita para o político, nem mesmo para o comerciante – a política é a política, os negócios são os negócios... Nossos povos, caro Senhor Roosevelt, permaneceram na tradição mais ou menos obscura da antiga cristandade. Que queria que entendessem das sociedades de temperança, dos clubes religiosos, das cooperativas de devoção, das academias? Os povos não sabem ao certo o que lhes falta, mas falta-lhes alguma coisa. Falta-lhes esse sonho que seus pais viveram em uma grande aventura, ao mesmo tempo espiritual e temporal, o sonho de uma imensa peregrinação da humanidade rumo à era de ouro das Beatitudes Evangélicas. Como diabos se poderia persuadi-los de que tudo que o Bom Deus veio fazer nesta terra foi impedi-los de beber um copo a mais no domingo, ou de deixar dançarem suas meninas?

*

Caro Senhor Roosevelt, não sou doutrinário e, se pareço homem das Letras por escrever livros, apenas pareço, posso garantir... Sou forçado a escrever livros, mas preferiria, mil vezes, furtar-me dos editores e das livrarias, e partir sem rumo pelas estradas, falar do que amo às pessoas que encontrasse no primeiro albergue que surgisse, com os cotovelos sobre a mesa, olhando-as de frente, sem procurar as palavras. Mas a vida é curta, começo a envelhecer; o senhor há de concordar comigo que eu perderia muito tempo. Pouco importa! Pense que, hoje, o senhor não está ouvindo um especialista em questões sociais, religiosas ou políticas – um pensador –, mas um homem qualquer de nosso continente ou, antes, um homem do centro e coração deste continente, pois a França é o centro e o coração da Europa; muitos imbecis já o escreveram, certamente, e não enrubesço por escrevê-lo depois deles, pois essa é a verdade. Meu país é o coração e a consciência da Europa, e isto não significa que vá melhor que os outros, mas que reage de maneira mais viva tanto ao bem quanto ao mal. Meu país é o primeiro enfermo e o primeiro curado. Caro Senhor Roosevelt, falo-lhe como qualquer francês lhe falaria se fosse livre, se falasse livremente, quer dizer, se não fosse, sem saber, ligado a preconceitos de classe, partido, vocabulário. Não me importo em absoluto com as classes, os partidos, seu vocabulário, e, no dia em que quiser se endereçar aos franceses, será necessário que, como eu, não se importe com tais coisas. Vocês, os anglo-saxões, não entendem quanto os franceses odeiam as mentiras com as quais mais parecem se importar! Tais mentiras são, para eles, como velhas professoras implacáveis, eles não sabem como se livrar delas. Os franceses amam a verdade, os franceses querem ver claramente dentro de si mesmos, e nunca quererão mal a quem lhes arrancar uma mentira, assim como um dentista arranca um dente, pois esse dente os incomoda cruelmente, ainda que se recusem a admiti-lo.

*

Caro Senhor Roosevelt, se quisermos que a América nos fale francamente, é indispensável que falemos francamente à América, não acha? De que serve nos lisonjearmos mutuamente? Caro Senhor Roosevelt, a Europa não cumpriu sua tarefa, e sua poderosa nação acaba de começar a sua, ou seja, acaba de começar a entender que os povos são solidários e, ainda assim, está apenas na primeira etapa; parece acreditar que é possível cumprir seus deveres apenas assinando cheques. Caro Senhor Roosevelt, se a Europa não salvar a civilização, haverá de perdê-la, e perderão todos vocês com ela. É importante que seus cidadãos tenham esta ideia na cabeça. E só será possível salvar a civilização renovando-a. Existe na América, no momento atual, um novo tipo ou um tipo renovado da civilização ocidental? Não. Vocês organizaram-se perfeitamente para tirar o máximo de bem-estar e proveito de uma civilização que supunham ingenuamente capaz de eternizar o provisório, e cujo destino pensavam que seria decidido em outro lugar, bem longe de suas fronteiras. Foi-lhes preciso deixar de lado tal ilusão consoladora, pois agora percebem que o pântano que os separa de nós não poderia permitir-lhes continuar suas experiências tranquilamente.

Caro Senhor Roosevelt, a Europa deve refazer para si uma unidade espiritual; é uma frase da moda, e todo mundo a repete sem entendê-la. Se não quiser que tal frase acabe indo parar no comunismo, posso lhe garantir que não há muito tempo a perder. Vocês, anglo-saxões, gabam-se por ser mais ou menos refratários ao comunismo. Vocês pensam que, além disso, o comunismo é apenas uma reação contra certos fenômenos econômicos, provavelmente evitáveis, e que uma política de altos salários facilmente triunfaria sobre ela. Pergunto-me se vocês não se enganam. Os intelectuais comunistas evidentemente exploram os erros e as contradições de uma sociedade em declínio, mas os intelectuais comunistas são uma coisa, e o comunismo é outra. Em todo caso, é importante entrar em acordo! Há muitos anos, os intelectuais do mundo inteiro, tanto os de esquerda quanto os de direita, concordam que “isso não pode continuar assim...”. Escrevem em verso e prosa, em linguagem informal ou patética, irônica ou séria, no estilo profano ou no estilo sagrado.

*

Vocês não poderiam entender facilmente a necessidade de unidade forjada por nossos povos da Europa. Oh! Claro, o senhor me dirá que a Europa dá, há muitos séculos, o espetáculo das lutas fratricidas. Pois bem! São justamente essas lutas fratricidas, horríveis querelas de família, às vezes sórdidas, às vezes trágicas, frequentemente ridículas, como todas as querelas de família. Tanto pior para vocês, se não conseguem distinguir as rivalidades territoriais das econômicas! Vocês sempre raciocinam como se tivéssemos nascido ontem, nós, as nações, como se a história não nos tivesse legado mais que balcões de agências de câmbio e outras lojas. Certamente, odiamo-nos por questões de delimitação, como coerdeiros aldeães que somos. Mas também brigamos por razões bem diferentes, doutrinais ou sentimentais, morais ou religiosas. Evidentemente, não são os filmes históricos de Hollywood que poderiam ensinar ao público americano que o nacionalismo é uma ferida do mundo moderno, que a Nação é uma caricatura econômica de nossas antigas pátrias, que o século XIII esteve a ponto de realizar a Federação das Pátrias na Unidade espiritual. Quem de vocês tem ideia do que era, nessa época, a autoridade de uma organização internacional como a Universidade de Paris, mil vezes mais poderosa – acreditem – que a Liga das Nações?... Caro Senhor Roosevelt, a oportunidade perdida não pode ser recuperada, pelo simples fato de que, infelizmente, um século mais tarde, a Economia já ultrapassava o Social; a hedionda Itália simoníaca jogava as bases do regime capitalista estabelecendo a Ditadura da Usura, cujo espectro chegaria à Espanha, até que a Inglaterra lhe arrancasse das mãos. Se a América deseja apenas tomá-la por sua vez, nesse caso tudo bem, paremos por aqui. Vocês têm ouro o bastante em seus subterrâneos forrados de aço para fazer com que uma sociedade bastarda, que não se pode dizer nem cristã nem pagã – e que, assim como todos os seres sem origem e sem raça, dispõe de enorme capacidade de resistência, vitalidade de gato vira-lata –, dure um século ou dois. E, a propósito, tal sociedade não morrerá, no sentido exato do termo. Ela não se decomporá, como a sociedade pagã, que a exemplo do grão sob a terra apodreceu apenas para brotar. A perfeição de sua técnica é muito capaz de prolongá-la indefinidamente, prolongá-la à custa dos povos, depois dos indivíduos, de quem esgotará a substância antes de se petrificar. À medida que duplicarem ou triplicarem as causas da desordem, a técnica decuplicará, centuplicará os meios de defesa e de repressão. A ordem será mantida, mas será a ordem dos cemitérios. A ordem será mantida em nome de uma sociedade da qual restarão apenas os meios administrativos e policiais – um esqueleto. A sociedade humana, no sentido próprio da palavra, não existirá mais. E não restará ninguém para dizê-lo, pois a técnica terá, desde muito tempo, triunfado sobre a dignidade e liberdade dos homens.

*

Caro Senhor Roosevelt, não se trata apenas de libertar a Europa do Senhor Hitler. É preciso que sejam arrancadas as raízes de um câncer de que o Senhor Hitler é apenas uma das manifestações superficiais, porque, amanhã, poderíamos encontrar manifestações ainda mais hediondas. O Senhor Chesterton escrevia, antigamente, que o mundo estava cheio de ideias cristãs que se tornaram loucas. Talvez hoje seja permitido dizer que o fascismo, o hitlerismo, o comunismo deverão aparecer um dia, à luz da história, como as deformações monstruosas da antiga ideia de cristandade. Milhões de homens acreditam encontrar uma fé, uma religião, no totalitarismo, com sua mística, sua moral e seus dogmas, um partido organizado na Igreja, um papa ou mesmo um Deus no ditador onisciente e onipotente. Seria desastroso acreditar que o senhor recolocará esses milhares de homens no bom caminho, convidando-os a não mais se preocupar com o destino da humanidade, mas com seus pequenos comércios, e poderia até mesmo adicionar a promessa de uma sociedade comercial, com interesses moderados. Não! Caro Senhor Roosevelt, chamemos as coisas pelo nome verdadeiro. Não existe verdadeira unidade entre povos ou indivíduos sem uma ideia comum, e é preciso que tal ideia comum tenha o lugar mais elevado possível, a fim de que possa ser visto de longe. Quando a colocamos em posição muito baixa, com o pretexto de torná-la mais acessível, os melhores são desvalorizados e os medíocres são confirmados em sua mediocridade. Uma ideia elevada não precisa ser entendida por cada cidadão tomado à parte; basta que seja entendida, que esteja no ar, que aja direta ou indiretamente sobre as consciências. Não seria possível que cada inglês não quisesse possuir o sentido do Império e, no entanto, cada um deles o tem, em certa medida. Se me for permitido ousar uma comparação indecente, o mesmo acontecia, no século XII ou XIII, com o sentimento da cristandade. Os democratas pensaram ser muito espertos, falando com linguagem prática: "Sejam democratas como nós, a democracia talvez seja o regime que mais desperdiça dinheiro no mundo, mas que importa a eles, se não têm dinheiro? No entanto, a democracia não exige nada além, ou quase nada além, de se deixar viver. A cada um, sua astúcia pessoal, e viva a República! Em nosso país, cidadãos, não estamos preocupados". Os povos precisam preocupar-se juntos, pois a solidão é uma espécie de luxo reservada a certo número de ociosos anormais ou de gênios privilegiados. A astúcia pessoal de um pobre homem nunca lhe é, a propósito, vantajosa o suficiente para que tenha uma opinião elevada de si mesmo. Eis o motivo por que, sem dúvida, gente pobre gosta de depositar suas esperanças – ou seja, sua alma – no que é comum, para que haja um pouco para todos.

*

Caro Senhor Roosevelt, quando os democratas tiverem vencido, os povos da Europa não pensarão que o trabalho está acabado. Seu povo talvez acredite nisto, mas não os nossos... Os povos da Europa não perdoarão os democratas por tê-los defendido tão tarde, ou mesmo por não tê-los defendido de maneira alguma. No fim dessa guerra, serão os povos que terão defendido e salvado as democracias. As democracias deles os levaram, no máximo de tempo possível, às mesmas ilusões em que hoje se encontra uma grande parte da opinião americana. As democracias fizeram Munique, os povos estão fazendo a vitória. Uma Europa vitoriosa não será fácil de levar. Não pensem, nem por um minuto, que bastará convidá-la a repousar do cansaço, enquanto as democracias novamente tomam conta de seu destino. É derrisório declarar a um mundo que, duas vezes em vinte anos, esteve à beira da catástrofe final: "Nós lhes devolvemos o direito de buscar vocês mesmos sua felicidade, que mais poderiam pedir?", enquanto sabemos perfeitamente que, em sociedades dominadas pelo dinheiro, a liberdade é apenas um engodo. O jogo das antigas democracias acabará sempre por favorecer a coligação dos interesses financeiros, dos partidos ligados a seus interesses, ao menos que seja alterado pela violência dos partidos sem a moeda.

*

Caro Senhor Roosevelt, a guerra desonrará os regimes de força, mas não reabilitará os regimes de complacência. Os povos perderão ainda mais ilusões, não terão ganhado uma fé. A história dirá que o drama a que assistimos foi o drama de grandes homens e grandes povos face a face – homens que são presas, de natureza muito baixa para ser outra coisa além de presas, gênios de destruição que continuarão a destruir, mesmo quando imaginam construir – e grandes homens que poderiam ter sido, se quisessem, homens que são presas, iguais a eles pela força e pela audácia, mas que colocaram a força e a audácia a serviço da liberdade, como o senhor e o Senhor Churchill. Isso é tudo? Não, pois do caos dos eventos contraditórios um fato se destaca: seja pelo mal, seja pelo bem, tudo que foi feito, foi feito pelos chefes e pelos povos contra a sanha do dinheiro, contra os poderes do dinheiro devolvidos a chicotadas pelos domadores, em sua jaula de ouro... A plutocracia deve ser vencida nessa imensa luta. Ela nasceu na Europa, tem suas raízes na Europa, e a oportunidade de cortá-las não se repetirá. Uma vez cortadas as raízes, a vegetação monstruosa que recobre quase toda a superfície global não tardará a murchar e apodrecer.

*

Caro Senhor Roosevelt, a Europa está pronta, conte com o meu país. A Europa não estava sofrendo uma crise de depressão, mas uma crise de angústia, e esse tipo de neurose, como é de seu conhecimento, costuma ser causado pelo que os psiquiatras chamam de repulsão. Nossa civilização ainda sobrevivia, mas estava como que ocultada por um sistema que não lhe dava oportunidade de se exprimir. A Europa vai muito melhor, com mil vezes mais valor que a civilização – dita, com ou sem razão, capitalista, pouco importa! – na qual caiu quase por acaso, pois a civilização de que falo é tão somente uma civilização de um acaso feliz, de comprometimento. Com efeito, o maquinismo desenvolveu-se tão rápido, com rapidez tão fulminante, que foi preciso encontrar, com toda a pressa, uma solução provisória para um novo problema. Note bem que não digo que uma solução seja impossível, digo que ainda deve ser encontrada, que a Europa nunca aceitará, senão a contragosto, a ditadura mais ou menos hipócrita do dinheiro, que os nobres e velhos povos da Europa merecem outra coisa, que não se resignarão eternamente, por exemplo, a atribuir o mesmo nome de Propriedade – e como tal, a honrar indistintamente o direito de uma família de gente honesta sobre uma terra cultivada e melhorada por ela, em benefício de todos, há muitas gerações, e o de um agiota qualquer sobre o produto de seu ágio.

*

Aos que pretendem me impor o silêncio, ao me perguntarem ironicamente o que proponho, responderei que, de forma alguma, penso ter as capacidades de um reformador. Tento falar o mais claramente possível, em nome de milhares de pessoas que não se podem fazer ouvir. Falamos daquilo que sofremos, de onde sofremos, onde sentimos dor – no fim das contas, evidentemente, cabe ao médico nos curar. Mas se, mais tarde, percebermos, mais uma vez, que o médico se une ao cirurgião e ao farmacêutico para nos arruinar em operações e medicamentos inúteis, nós lhe torceremos o pescoço. Ao menos, não morreremos sozinhos.

*

Perceba, caro Senhor Roosevelt, que se fez tanta coisa com o dinheiro em seu país, e que tais coisas foram feitas tão rápido, que seu país ainda guarda uma parte de seu prestígio. O dinheiro lhe permitiu queimar etapas e, ainda hoje – por pouco tempo, pela última vez –, poupa seus homens. Mas em nosso país, Senhor Roosevelt, o dinheiro não inspira mais respeito, nem mesmo temor: ainda é tão orgulhoso e feroz quanto era antes, mas tornou-se ridículo. Nós o acusávamos de ter organizado as guerras. Com efeito, se o dinheiro as organiza, também é vítima das guerras. Os proveitos que tira das guerras são, seguramente, desproporcionais aos riscos crescentes que essas guerras lhe impõem. O dinheiro se assemelha a um imbecil que incendiaria toda uma cidade na esperança de favorecer seu comércio de extintores. Em vão, os homens do dinheiro acreditaram reafirmar seu poder, cobrindo-se com o Príncipe da Propriedade, como o enamorado de Salammbô, da capa de Tanit. Em vão, o direito à propriedade assumiu, pouco a pouco, por seus cuidados, um valor absoluto, um caráter sagrado, quase mágico... Elevando-o, assim, a um caráter indiscutível e intangível, esperavam tornar-se intangíveis. Infelizmente, comprometeram o próprio princípio da propriedade com esse cálculo.

*

A desordem dos espíritos é tanta que, para falar assim de dinheiro e dos homens do dinheiro, acusar-me-ão de atentar a esse princípio, enquanto, na verdade, estou defendendo-o. Mais vale dizer que, ao condenar o tráfico das indulgências e a venda dos sacramentos, o Concílio de Trento ofendeu o bom Deus! É absurdo dar indefinidamente aos povos o escândalo de garantir o benefício dos especuladores, em nome do mandamento que proíbe que se roube o bem do próximo. Estou longe de me deleitar na decadência do direito à Propriedade, pois deploro-a. O nacionalismo político e econômico degradou a ideia de Pátria, o racismo degradou a ideia de Raça, a ditadura da Força degradou o princípio da autoridade, e a ditadura do dinheiro o princípio da propriedade. A própria religião saiu enfraquecida, diante de tantos equívocos... O que vocês poderão, amanhã, oferecer à veneração dos povos? Que diabos lhes darão para apreciar?

*

Caro Senhor Roosevelt, o último erro a ser cometido seria, precisamente, abandonar a Propriedade à sua sorte. Os povos estão tão cansados de contradições cínicas que os vemos prontos a odiar a Propriedade, sob o nome de Capital; tudo que conseguirão será passar do capitalismo dos capitalistas ao capitalismo do Estado. Deixar-se-ão ocultar nesse bloco de concreto, por raiva, por desespero, por desejo de mudança a qualquer preço. Com o instinto da Propriedade, perderão o da liberdade. É a isso que queremos chegar? Oh! Sei bem, a mentira é agora tão universal que nenhum restabelecimento da verdade existe sem perigo. Que querem que eu faça? Quando se ergue uma casa em ruínas, corre-se o risco de ver o teto cair sobre a nossa cabeça. Deve-se, no entanto, deixar que a casa se torne poeira? A pior das imprudências seria tateá-la à direita e à esquerda, reparar aqui um lanço de parede, deslocar ali uma viga. Antes, é preciso empreender tudo de uma só vez, é preciso impulsionar os povos da Europa a um grande empreendimento, um empreendimento total, digno desses povos – ou deixar o bolchevismo fazê-lo em nosso lugar –, como já tive a honra de lhes dizer em outro momento. Se o primeiro objetivo a ser atingido pode ser claramente definido, a esperança despertada no coração dos homens deve ter a medida de seu atual desespero. Sei bem que é moda entre os burgueses – e mesmo entre os cristãos, ai!, quem poderia acreditar? – escarnecer daqueles que prometem que chegaremos à Lua. É estranho ouvir tal zombaria da boca de alguns padres, a mesma boca sacrílega que, no dia de Natal, deve repetir a promessa – mil vezes mais ousada que a promessa da Lua – que assegura a Paz aos homens de boa vontade. Não nos contentaremos em prometer a Lua: estamos prometendo a justiça.

*

Prometemos a justiça e começaremos por restabelecê-la justamente onde é mais abjeta. O que revolta os povos em nosso sistema social não é – como os fizeram dizer e talvez ainda acreditem – o poder material do dinheiro, mas o fato de que o dinheiro tenha ar não de tirano, mas de Mestre, de um Mestre legítimo, honrado, abençoado. O que lhes fere cruelmente a consciência não é ver os covardes tremerem diante deles, mas os verdadeiros Mestres – os antigos Mestres depostos, subjugados que, no entanto, reconhecem muito bem aqueles com quem não podem evitar partilhar a vergonha. O que os fere é ver, enfim, ao fim de todas as suas usurpações sorrateiras e cínicas, o dinheiro assumir, pouco a pouco, o aspecto de um Poder Moral e Espiritual.

*

Pois, enfim, caro Senhor Roosevelt, não sou crédulo: entendo muito bem que toda sociedade humana terá sempre sua parte de injustiça, mas estou farto de ver tantos rirem da cara dos pobres-diabos que sofrem desse escândalo, pois risível é o fracasso perpétuo da sociedade humana, e não o pobre-diabo que se espanta dolorosamente ao vê-la sempre cair no mesmo buraco, a cada tentativa, depois de dar alguns passos desajeitados. Consigo olhar os escarnecedores bem de frente. Perguntam desdenhosamente ao pobre-diabo se ele quer a justiça em todos os lugares e para todos. E como o pobre-diabo responde "sim" docilmente, "assim como se diz no catecismo", os escarnecedores dão de ombros e se vão. Perdão! Perdão! Imbecis! O pobre-diabo falou com sua linguagem e, agora, falarei com a minha. Não pedimos a justiça absoluta, mas uma organização da injustiça que seja humana o suficiente para que, sendo sempre opressiva para a carne e para o sangue, não se torne intolerável às consciências. Não pedimos a igualdade, mas uma organização das desigualdades, de maneira que, opondo-se umas às outras, possam compor-se, na medida do possível. É uma grande impostura dizer que os povos foram libertados por ter-se deixado subsistir apenas um privilégio – o mais humilhante de todos, o privilégio do dinheiro. Esse privilégio único tornou-se um peso em virtude do peso de todos os outros e, como o dinheiro não tem rivais, prospera e engorda desmesuradamente. Veja bem, caro Senhor Roosevelt, nossas antigas sociedades da Europa, por mais fora de moda que pareçam hoje, conseguiram realizar algo considerável. As sociedades europeias separaram o prestígio do lucro. Portanto, não é verdade que ambos sejam inseparáveis. Onde se encontrava quase todo o ouro da Europa no século XIII? Em que mãos? Nas mãos dos judeus. Quando as poderosas monarquias precisavam de ouro, deviam pedir emprestado aos judeus. Ninguém ousava, no entanto, defender a tese de que, na época, os judeus fossem particularmente honrados. "Pouco importa!", o senhor me dirá. Oh! Perdão! Não é desinteressante que ser dispensado de reverenciar o usurário que tomou seu dinheiro constitua um bom exemplo para todo mundo. "Mas os pobres-diabos que corriam atrás do judeu milionário, jogando-lhe seus restos, deviam curvar-se diante dos senhores." Não, senhor. Talvez se curvassem diante de *seu* próprio senhor, mas nem sempre diante do senhor do vizinho, pois é próprio do senhor, justamente, proteger os seus; se não por orgulho, por virtude. Ou por questão de honra, se preferir. E, a propósito, o prestígio do nobre era bem compensado pelo do padre, o do magistrado também não era negligenciado, nem o de inúmeras instituições, corporações, confrarias, cidades, todas elas com seus papéis em dia. Um provérbio do meu país diz que, quando os gatos se ausentam, dançam os ratos. O antagonismo dos prestígios e dos privilégios, sua sobreposição confusa inextricável, seus conflitos eternamente renascentes, aos quais nossa monarquia quase sempre trouxe uma solução popular, inspirada pelo sentimento popular, dava, de qualquer forma, bastante descanso ao pobre mundo... Tais prestígios e privilégios tinham um árbitro: o rei. Mas, justamente por isso, não poderiam ser solidários: eram rivais. A solidariedade dos privilégios econômicos, a despeito das aparências, é inflexível como o Inferno.

*

Caro Senhor Roosevelt, que os burgueses democratas americanos não finjam, aqui, acreditar que sonho vê-los impor o antigo regime no meu país. Isto já foi, a propósito, tão ridicularizado por filmes idiotas em seu país que não vou agora fazer uma desforra dizendo francamente que não acredito que façam parte de um tipo de humanidade capaz de viver à vontade em qualquer um dos nossos grandes séculos franceses ressuscitados; eles ficariam um pouco incomodados. Não, caro Senhor Roosevelt, não peço nem ao senhor nem à própria França uma restauração do passado, a qual seria tão artificial quanto uma exposição retrospectiva. Entenda-me: em qualquer sociedade, sob qualquer regime, assim que se der fim ao absurdo do Lucro, a natureza das coisas e a experiência dos homens reconstruirão um sistema qualquer inspirado pelo mesmo princípio.

*

Já estou farto, Senhor Roosevelt, de ver que as democracias e as ditaduras são comparadas, até mesmo pelo Senhor Maritain. A democracia não impede a defesa dos ditadores: esta é a verdade. Toda democracia pode, de uma hora para outra, ter uma crise de ditadura, como alguém pode ter uma crise de apendicite, e o temperamento nacional nada pode contra isso. Não existe povo mais diferente do povo alemão que o povo italiano, e, no entanto, se um fosse o lobo, o outro se teria facilmente transformado em hiena ou chacal. A esse ponto da demonstração, estou farto, Senhor Roosevelt, de ouvir-me responder que, quando renego os democratas, estou jogando o jogo dos totalitários. Se não tenho escolha entre estas duas criações do mundo moderno, é culpa sua, e não minha. Não existe americano que seja mais apegado que eu à famosa Declaração dos Direitos, e que compreenda melhor seu sentido, uma vez que homens como eu a realizaram. Mas a democracia é tanto a Declaração dos Direitos quanto a ditadura clerical do general Franco é o Evangelho. A democracia é a forma política do capitalismo, no mesmo sentido que a alma é a forma do corpo, segundo Aristóteles, ou sua ideia, segundo Spinoza. O capitalismo que nasce, cresce e evolui transformou-a pouco a pouco, segundo suas necessidades. Nenhuma força no mundo pode impedir que siga seu destino. Podem me garantir que a democracia de amanhã não se parecerá com a antiga. Enquanto isso, mudam seu nome; que querem que eu diga? Montesquieu escreveu que o impulso das monarquias é a honra, e o das democracias a virtude. Pergunto-me se é melhor encorajar os pobres-diabos à virtude que lhes dar o direito ao voto e não lhes dar o pão, uma vez que seu voto imediatamente se torna a única coisa que podem vender para ter o pão.

*

Todo mundo fala em restaurar os valores espirituais; a frase está na moda. Nunca se poderão restaurar os valores espirituais enquanto o Lucro for honrado, ao passo que deveria quando muito ser tolerado ou controlado. Caro Senhor Roosevelt, uma sociedade que faz do primeiro comerciante que aparece um personagem, um burguês – chamados de *honestiores* sob Caracala – enriquecido por vender seus peixes aos famintos, por transformar em párias os miseráveis que envenena, é uma sociedade que caminha cabisbaixa. Gostaríamos de ajudá-la a defender-se, mas não podemos verdadeiramente seguir na cruzada uma sociedade que passou a ter tal deplorável hábito. Vale lembrar que o Império Romano caiu por ter levado o mesmo desafio ao equilíbrio natural da marcha humana. É um grande erro acreditar que, com efeito, o Império Romano se desinteressou pela justiça social. Infelizmente, como as democracias modernas, o Império Romano interessou-se apenas pelos escritórios e seus funcionários. No século II, privilegiou as corporações, multiplicou as instituições alimentares – *pueri mamaeani, pueallae mammaenae*. O Império emprestava gratuitamente aos pobres para lhes permitir comprar terras e distribuía bolsas a seus filhos. Os imperadores ilírios legislaram abundantemente em favor da viúva e dos órfãos e talvez nunca tivessem entendido melhor seu dever social, um pouco mais tarde, sob a dinastia valenciana; pouco importa! Na luta das leis contra os costumes, os costumes sempre vencem, e os costumes, assim como hoje, favorecem o Lucro. Aos olhos da colossal administração imperial, de sua minuciosa e oprimente solicitude, o cristianismo nascente nada tinha a oferecer, a não ser a esperança. Que esperança? Certamente, não a de uma ditadura proletária, mas a de uma sociedade em que os pobres seriam honrados, pois o próprio Deus se fez pobre e, assim, não apenas beatificou a disposição moral da pobreza, a pobreza de espírito – como dão a entender, às vezes, certos teólogos simoníacos –, mas a condição social do pobre. O Império prodigava em vão suas leis, seus funcionários e seu ouro. Entre o cristianismo e o Império, as massas deserdadas confiavam no cristianismo, para que este lhes devolvesse a honra.

*

Que tal ponto de vista seja risível aos realistas, me é indiferente, caro Senhor Roosevelt. Se eu tivesse nascido no século II, não teriam apenas gargalhado, mas me dado de comer aos leões; o que, em suma, não parece mais cruel que ser espalhado pelos ares por uma bomba de mil quilos. O papel da honra e os benefícios que ele garante à sociedade não são tão negligenciáveis quanto imaginam esses senhores. Não é um sucesso prodigioso que a honra sempre tenha, por exemplo, criado soldados, ou seja, homens geralmente mal pagos, mal alimentados, que idealizam sua glória em morrer defendendo o bem dos ricos, estimando-se generosamente pagos pelo som do trompete sobre seu túmulo, ou uma cruz de 25 francos?

*

Oh! Certamente, não é uma ação irrisória esperar pelo prestígio do dinheiro. Se eu fosse anarquista, não me atreveria nos riscos. Mas, justamente, não sou anarquista. Atacando-se diretamente o lucro, corre-se o risco de colocar em perigo, ao mesmo tempo, os bens reais, ou os males necessários, que são uma espécie de bem. Uma revolta cega contra o dinheiro, pelo contrário, ameaça que se arruíne uma civilização à qual se foi tão estritamente incorporado, e os homens do dinheiro não o ignoram. Esperam fechar-nos em um dilema sem saída: ou conservamos as instituições liberais que prometem corromper, assim como sempre fizeram, ou nos condenam à ditadura, a única capaz de reduzi-los à impotência. "Vocês não triunfarão sobre nós senão ao preço de suas liberdades", dizem-nos. Mas os homens do dinheiro esquecem apenas uma coisa: a tirania está perdida assim que deixa de ser respeitada, ou seja, a partir do momento em que sua queda parece possível. São as forças espirituais que acabarão com a tirania do dinheiro, pois libertarão as consciências, restabelecerão as consciências diante dos mestres, assim como diante de todos os outros. E, assim, constituir-se-á, verdadeiramente, a frente pela Liberdade.

*

O senhor notou, caro Roosevelt, que muito se fala de forças espirituais, e em tom que nos leva a acreditar que sua famosa Lei de Seguridade Social previu uma produção em série de tais forças para o Senhor Ford? Evidentemente, nunca conheceremos as leis misteriosas que presidem ao nascimento e à incessante evolução das forças espirituais. Mas nenhum capitão de outras épocas sabia alguma coisa de teorias físicas relativas à formação dos ventos, das marés, das correntes, mas nem por isso as utilizava com menos destreza, pois sempre teve o senso marinheiro. O senso espiritual ainda é, infelizmente, muito mais raro que o senso marinheiro. Se o tivéssemos, encontraríamos sempre, quase que infalivelmente, as forças espirituais necessárias e os seres capazes de encarná-las. Quando se pensa, sem pretensão, nos grandes movimentos da história, entende-se muito bem que tais movimentos foram ondas devastadoras, e os homens superdotados que apareceram na superfície foram tirados do abismo pelas ondas, lançados como flechas à crista espumante, de onde parecem comandar o mar...

*

Caro Senhor Roosevelt, a tempestade cresce sobre a Europa, e não é na guerra atual que penso. Pode-se entender o estrondo de um desmoronamento como o barulho de um trovão. A guerra atual é um desmoronamento. Se eu ousasse comparar o pressentimento obscuro de tantas almas com um fenômeno puramente material, diria que a tempestade se anuncia ainda pelo estremecimento aéreo que antecede todos os grandes dramas do vento e do mar. Caro Senhor Roosevelt, não ouça os economistas que, com argumentos de economistas, provavelmente procuram persuadi-lo de que a Europa está chegando ao fim de suas forças. Pense, antes, que a Europa está chegando ao fim de suas ilusões e mentiras, que uma simples ruptura de equilíbrio pode lançá-la no Bem ou no Mal. Sim, caro Senhor Roosevelt, ou as forças espirituais que a agitam surdamente e fazem tremer os assentamentos combinar-se-ão entre si ou, então, perdida a oportunidade, perdido o milagre, opor-se-ão umas às outras, em uma desordem da qual os Senhores Membros do Congresso de Washington, infelizmente, talvez ainda tenham só uma ideia sumária. Os economistas imaginam que os povos famintos são incapazes de sonhar ou entender o que quer seja. Erro absoluto! São os povos abastados que dormem tranquilamente, sem sonhos.

A atual situação da Europa não é muito diferente da situação do século XI. Oh! Gostaria tanto que tal aproximação não passasse de um jogo de espírito aos olhos dos homens de boa-fé que me leem! Quase quarenta anos nos separam dos tempos em que a invenção do dirigível, do automóvel e do avião anunciava a abolição das guerras, que a descoberta das vacinas e dos soros anunciava o fim das doenças... Estávamos tão felizes conosco, tão ingenuamente certos de surpreender o passado, teríamos tido tanto orgulho em passear com Ramsés II, Alexandre, o Grande, César, Maomé, Carlos V e Luís XIV pela Exposição Universal de 1900, como se fossem parentes da província! E é verdade, no entanto, que, se pensarmos bem, estamos agora ainda mais perto de um homem do ano 1000 que de um contemporâneo de Napoleão III. Nossa angústia se parece com a dele, pois tem o mesmo caráter indefinido; como ele, perguntamo-nos: aonde vamos? Porque, como ele, sentimos que não encontraremos novamente o que perdemos, ou que o encontraremos sob outra forma, irreconhecível, sentimos que estamos assistindo ao fim de um mundo sem saber ao certo qual será o mundo que o substituirá, nem, ao menos, se esse mundo deve ser substituído!

*

Caro Senhor Roosevelt, os povos do ano 1000 sobreviveram a um desmoronamento duplo: o do império dos césares e o do império de Carlos Magno. Foram dizimados pela guerra e pela peste, das quais os pregadores da época extraíam argumentos para atacá-los. Como o ouro era raro, os ricos nunca foram tão insolentes, os judeus tão usurários, os raros comerciantes tão ladrões, os grandes tão ávidos, os miseráveis tão miseráveis. Sim, o mundo devia parecer, a todos, ainda mais velho do que parece hoje. Um francês de 1940 está separado de uma época de humanismo refinado e de costumes requintados por apenas dois ou três séculos. Entre um homem do ano 1000 e os esplendores da Ordem Romana, que abismo temporal! Pois bem! Neste mundo velho, tão consumido, Senhor Roosevelt, em que os sábios perderam as esperanças, do qual os monges diziam ser devotado ao demônio, inventou-se a cavalaria. Oh! Não espere de mim um panegírico da instituição: este livro impresso pode cair em mãos quaisquer. Com a idade, infelizmente, há, agora, poucas coisas de que eu possa falar ao primeiro que aparece, mas, de fato, não me sinto motivado a explicar o que foi a cavalaria a alguns de seus adversários, por exemplo, que o senhor vê de mais perto que eu, mas cujo rosto conheço bem. Quero apenas dizer que a cavalaria não nasceu de uma crise de otimismo, mas floresceu no egoísmo, na ferocidade, no desespero do mundo. E amanhã, talvez...

*

Caro Senhor Roosevelt, esse doce milagre, milagre do espírito de heroísmo e do espírito de infância – o milagre infantil –, talvez não esteja tão distante de nós. Digo isto porque ainda parece muito ridículo dizê-lo, tão ridículo que se pode entregar tal segredo sem traí-lo: ninguém o reconhecerá, diga-se de passagem, sob seu traje de louco, e irá embora tranquilamente por entre as mesas do banquete de Baltazar, entre os bailarinos e os tocadores de lira, inscrever sua mensagem na parede... Veja, caro Senhor Roosevelt, o desmoronamento das instituições, mesmo respeitáveis, deveria nos deixar indiferentes, pois o ponto em que as instituições poderiam ainda salvar os homens já foi ultrapassado. Existe um tempo em que os homens não sentem o perigo que os ameaça, senão através de regimes e sistemas: são os regimes e sistemas que defendem ou elevam. Mas esse tempo já não existe, não acha? Os homens se sentem humilhados, não apenas no que pretendem servir, por interesse ou por amor, mas em sua própria pessoa, em seu sentimento profundo, pessoal, do verdadeiro e do falso, do justo e do injusto. Se ainda querem acreditar em alguma coisa, devem acreditar em si mesmos, devem refazer um pacto com a própria alma. Caro Senhor Roosevelt, raramente isto foi visto ao longo da história, mas, toda vez que se viu, a elite humana reencontrou-se, a elite humana foi misteriosamente encontrada onde ninguém a esperava. Em um momento, os regimes e os sistemas desertados encontraram-se vazios, e lugares havia muito tempo esquecidos foram, de repente, sendo preenchidos por uma grande multidão. Senhor Roosevelt, os que proclamam que a Europa não sairá sozinha do caos não estão errados, se entendem, por Europa, os partidos e os grupamentos organizados da Europa. Mas enganam-se redondamente se acreditam que os homens da Europa, os homens dignos desse nome, os homens livres, se deixarão morrer como ratos sob os escombros de suas casas desmoronadas. Sairão, um a um, de quatro, tranquilamente, pelas menores brechas abertas, deslacrarão pedras, rasparão a terra com as unhas. Que me perdoem por exprimir-me por tais imagens! À sua maneira, elas traduzem um fato positivo, que poderia muito bem ser justificado em linguagem muito diferente. Os homens da Europa foram desiludidos por disciplinas e místicas muito diferentes, em nome das quais se odiavam entre si. A vocês, americanos, é absolutamente impossível entender a que ponto tais experiências foram cruéis, pois os raros testemunhos que têm delas lhes foram trazidos por intelectuais, e os que mais sofreram foram, justamente, os que sofreram a crise interior sem a menor possibilidade de intelectualizá-la. Não dê importância ao que disseram a respeito os terríveis inspetores da geração pré-guerra, em suas pretensas revistas de jovens, de juventude... As disciplinas e as místicas mal lhes forneceram um refúgio, um álibi, uma justificativa deles mesmos. Os homens de que falo, ao contrário, buscaram uma justificativa do homem, da vida. Eles os humilharam. Eles veem agora, ou verão amanhã, que o que tais disciplinas e místicas tinham de grandioso era sua própria grandeza, o que tinham de desinteressadas era seu próprio desinteresse, e de fé sua própria fé. Que Deus faça com que se reconheçam entre si, como se reconheceram outrora os homens que, há já mil anos, desgostosos com todas as falsas ordens, inventaram entre si uma ordem nova, a ordem da Honra. Não a honra de um partido, de um sistema, ou mesmo de uma pátria, mas a honra do Homem – e, se ouso repetir o que escrevi em outro livro, a honra da Honra. Caro Senhor Roosevelt, suas histórias de Hollywood certamente acreditam que a cavalaria medieval foi, antes, recrutada pelos poderosos. Nada mais falso. Os poderosos foram à cavalaria, quando o nome de cavaleiro era considerado mais ilustre que qualquer outro. Eles perderam a instituição, e a perderam bastante rápido – em um ou dois séculos, não mais –, mas já não cabia a ninguém liquidar o espírito. Por quê? Oh! É muito simples. A Igreja o havia consagrado. Ainda ignoramos se os opulentos prelados de Roma continuaram ou não, assim, os objetivos políticos – pouco importa! Deus se utiliza da Igreja, mesmo quando prelados opulentos nutrem a ilusão de utilizar-se dele. Introduzido por uma porta ou outra, o que é consagrado pela Igreja não sai mais dela, nunca mais sairá, pois, imediatamente, não são os prelados políticos, mas milhões de almas simples e puras que se transmitem a guarda através dos séculos; está entendendo, Senhor Roosevelt? A honra cavalheiresca – ou seja, a queda dos valores do mundo, o desprezo pelo dinheiro, a exaltação da pobreza, a força tirando sua dignidade apenas dos serviços realizados aos fracos, a força que se tornou servente – foi, de uma vez por todas, consagrada pela Igreja. O cavaleiro tornou-se o tipo cristão de honra, o tipo ortodoxo de honra. Por prudência ou interesse, pode ser que os membros da Igreja, os príncipes dos padres ou os escribas, falem o mínimo possível, escolham, com os ricos e os poderosos, outro assunto: isso não impede que a honra cristã esteja lá, na reserva, garantida pelo testemunho dos santos, como seu dólar é garantido pelo visto do tesoureiro principal e do diretor do Banco Nacional Americano. Oh! Caro Senhor Roosevelt, não pense que quero converter quem quer que seja ao papismo, mas que espera de mim? Nada possuo além dessa tradição de minha raça e do meu país, é tudo que deixarei aos meus filhos. Fico feliz que os títulos tenham sido confiados a uma velha e ilustre instituição que conheceu, durante 2 mil anos, administrações mais ou menos hábeis e, às vezes, desonestas, mas que nunca negou sua assinatura.

*

Oh! Sem dúvida, ignoro absolutamente que esta será a nova encarnação da Honra cristã, ou seja, da Honra hereditária dos homens da Europa. Digo que seus elementos estão prontos, eis tudo, que estão em presença – como dizem os químicos –, e, se não conseguirem combinar-se entre si, afirmo que a última oportunidade do mundo será perdida. Quando falo de uma restauração da Honra cristã, não a concebo como uma restauração religiosa, no sentido próprio do termo. É incerto que a decepção atroz dos povos os leve, por um primeiro movimento, aos dogmas da nossa fé. Os que já não esperam a justiça neste mundo não estão tão perto de esperá-la em outro mundo, assim como pensam certos devotos ou devotas, que provavelmente imaginam que se pode voltar a Deus como se volta a um tapa-buraco. Falo de uma revolta da honra cristã. A honra cristã também pode muito bem provocar a revolta no crente ou no incrédulo, pois formou a consciência tanto de um quanto de outro, e foi transmitida a ambos.

Pode parecer um desafio, no bom sentido, que eu fale de cavalaria para falar dessa revolta. Não um desafio no bom sentido, Senhor Roosevelt, mas um desafio na opinião dos imbecis. Eu lhes dou, assim, por bom preço, um tema de pilhéria, uma última oportunidade para rirem antes que os homens que anuncio lhes torçam o pescoço. O senhor pensa que não peço o retorno ao ritual antigo, a vigília das armas, a investidura, as esporas de ouro; não sou arquivista, nem antiquário. Emprego a palavra cavalaria porque ela soa mal aos ouvidos realistas. Mas, quando chegar o dia – se eu estiver vivo para vê-lo! –, buscarei outra palavra. Quando retumbar na terra, na minha terra, o passo da brava gente – e, se eu estiver sob esta terra, poderei ouvi-lo –, gostaria que simplesmente se dissesse aos impostores de todos os regimes, de todos os sistemas, de todos os partidos, aos mestres da Usura, assim como aos mestres da Força, aos doutrinadores realistas e aos idealistas simoníacos: "Vejam, esses são aqueles a quem vocês mentiram!".

*

Caro Senhor Roosevelt, é possível que isso seja apenas um sonho. Os que foram desiludidos podem, muito bem, tornar-se anarquistas. Podem devorar-se entre si. Também podem tentar, por desespero, a suprema experiência totalitária da ditadura do proletariado, pois pensam que é a sua própria, sem entender que toda ditadura, qualquer que seja, é sempre, no fim das contas, uma ditadura dos funcionários e dos policiais. Isso não quer dizer que o fato para o qual me permito chamar sua atenção seja diminuído. A atual guerra tem caráter muito diferente das precedentes; será que vocês, americanos, duvidam disso na América? Milhões de homens estiveram fora da lei, quero dizer, fora da lei de uma sociedade que não queriam mais, ou na qual deixaram de acreditar. Note bem a nuance, Senhor Roosevelt. Os primeiros não queriam a guerra, e esforçaram-se para destruí-la; os segundos não acreditavam nela e nada fizeram para defendê-la. Não pense que não há covardes no segundo grupo. Os mártires cristãos dos primeiros séculos, antes de sua conversão, certamente não teriam morrido por deuses que não honravam ou fingiam honrar por hábito. Chamarei as pessoas de quem acabo de falar – se estiver de acordo, Senhor Roosevelt – de desempregados. Eles não sabem mais, ou em breve não saberão mais, como empregar seus braços, seu coração – perdoe-me a metáfora romântica. Os economistas de seus Serviços Econômicos declararão aqui que o desemprego do coração não lhes diz respeito, mas que facilmente encontrarão trabalho para os braços, mesmo que seja na Reconstrução. Os economistas de seus Serviços Econômicos me fazem rir. Muito antes que a Reconstrução comece, veremos nascer a Especulação sobre a Reconstrução, e a segunda será devorada pela primeira, como o macho do manto religioso é devorado por sua fêmea; pouco importa! Há decepções e rancores aos quais nem mesmo o trabalho braçal poderia trazer sossego ou esquecimento. Repito, mais uma vez, que nem tudo poderia ser resolvido pela desmilitarização das ditaduras. Afirmo, por exemplo, que um jovem burguês e um jovem operário francês os quais uma propaganda infame fez hesitar no momento decisivo entre o dever de classe e o dever nacional, que agora têm consciência de ter traído, dessa maneira, ao mesmo tempo sua classe e sua nação, não serão mais fáceis de readaptar que os desmobilizados das ditaduras. A questão do desemprego reveste-se de múltiplos aspectos, de acordo com a categoria do desempregado. A venda das maçãs da Califórnia fez muitos favores aos seus. Mas nós realmente não podemos propor que se vendam maçãs a essa gente.

*

Caro Senhor Roosevelt, como muitos franceses, sempre achei que a paz de Versalhes tornou possível o tipo de paz capitalista, inspirada por uma cínica e profunda experiência do jogo de interesses, ao mesmo tempo que foi inspirada também por uma pretensiosa e grosseira ignorância do coração humano. Fiquei, portanto, encantado ao ouvi-lo dizer, outro dia, que os Aliados vencedores se absteriam de organizar, durante muitos séculos, a servidão econômica do povo alemão. Mas o senhor sabe que o homem da rua dá a tais declarações calculadas interpretações sumárias, para satisfazer aos diplomatas. Eu sou homem da rua, Senhor Roosevelt, e traduziria sua declaração de bom grado, da seguinte forma: "Na Alemanha, há imbecis que sacrificaram tudo por um chefe indigno e por uma falsa concepção da Ordem, do Heroísmo e da Honra. Há também espertalhões que fizeram especulações sobre o ditador, a falsa concepção dos imbecis, ganhando, assim, muito dinheiro. Incitar-se-á os primeiros a reconhecer lealmente que foram imbecis, e os segundos a continuar seus pequenos negócios". Oh! Sim, certamente, tal interpretação é sumária. O senhor poderia perfeitamente responder que a falência moral pode esperar, que convém antes cuidar da falência econômica e, por conseguinte, dispor os homens de negócios. De acordo! Prevejo, infelizmente, que os homens de negócios entreterão a falência sorrateiramente, a fim de tirar mais proveito, e que o senhor não terá como forçá-los. Quando o dinheiro se torna a legalidade, tudo que fala contra o dinheiro assume, imediatamente, caráter ilegal.

*

Caro Senhor Roosevelt, ao lerem algumas páginas deste livro, muitos de seus compatriotas, sem dúvida, me tomarão por antidemocrata. É, ao menos, a acusação que espero de certo número de católicos americanos que, a propósito, tomavam contra mim e contra o Senhor Maritain a defesa dos "bons ditadores" – do Senhor Mussolini e do Senhor Franco. E, no entanto, sempre acreditei ser homem livre. O apego que tenho à liberdade não é apenas platônico e sentimental. Não bastaria que minha liberdade fosse proclamada pela lei, mas gostaria de saber ainda quais são os meios de que a lei dispõe para defendê-la. Americanos! Pensem novamente na velha experiência da gente da Europa. Sob a proteção de leis liberais, feitas pelos homens livres, para seu uso, tudo que os homens medíocres conseguiram foi enterrar-se um pouco mais dia após dia no espírito e nos hábitos da servidão. A liberdade de pensamento, por exemplo, é uma grande coisa. Mas, se os cidadãos se aproveitam do fato de que essa liberdade lhes é garantida pela Constituição para deixar de pensar, ou seja, para justificar seu conformismo, para adotar sucessivamente todas as opiniões favoráveis ao desenvolvimento de seus negócios, a liberdade de pensamento será, em breve, apenas uma expressão explorada pelos impostores nos *meetings*. Caro Senhor Roosevelt, não sou antidemocrata, pelo contrário: desprezo o fato de que, após ter dado significado a uma convicção profunda, um estado de alma, uma fé, a palavra "democrata" tivesse, pouco a pouco, assumido o sentido de cidadão de uma democracia, nada mais, de forma que estamos ameaçados de ver, um dia – não por muito tempo, infelizmente! – democracias sem democratas, regimes livres sem homens livres.

*

Americanos, é sempre ridículo brincar de profeta, mas minha previsão sempre será mais surpreendente e ainda mais escandalosa que ridícula. Do desastre da Europa, do desabamento das ditaduras, de nossas decepções e nossas misérias, pode surgir, amanhã, uma geração de homens livres, de homens verdadeiramente livres, que não estejam sinceramente dispostos a gozar das vantagens da liberdade até os limites da servidão. São homens que muito terão sofrido, em seu espírito e em sua carne. Escrevo que esses homens *podem* surgir com o único propósito de poupar seus nervos. No fundo, já tenho certeza de que virão, eu os estou esperando. O senhor poderia rir da minha cara, exclamando que, de qualquer forma, é paradoxal querer, no futuro, lhes dar lições de liberdade por intermédio de gente que hoje atenta contra a liberdade de outrem e não sabe defender a própria. Fiquem tranquilos! Eles não lhes darão lições de liberdade, por uma simples razão: uma experiência difícil, cruel e atroz lhes provará que liberdade não se ensina a ninguém, que não pode ser dada a ninguém, que é uma força interior, um poder da alma. Um povo livre é um povo que conta com certa proporção de homens orgulhosos e, caso a proporção não seja alcançada, de que serve ser proclamado livre pelos advogados? Vejam vocês, americanos, é preciso tentar sempre estar atento ao sentido das palavras. Não me permitirei repetir que existe, em seu país e em outros lugares, homens que se vangloriam de amar a liberdade, porque podem dela usufruir. Longe de quererem sacrificar o que quer que seja por essa liberdade, compreendem bem que ela os poupa de todo sacrifício, que lhes permite enriquecer em paz ou até mesmo que lhes facilita o enriquecimento. Para tais bocas, dizer "sou homem livre" significa que "a constituição política do meu país autoriza-me a pensar apenas no meu e, se for verdade que certa parte de desapego, ou mesmo de heroísmo, é indispensável a toda sociedade, que esta seja realista: pagarei para que sejam heroicos ou desapegados em meu lugar".

*

Americanos, não é apenas aos democratas das democracias que a província confiará amanhã o destino da liberdade. Os democratas das democracias têm, seguramente, um grande hábito de liberdade, mas – justamente – sabemos que o hábito mata o amor. Se os democratas das democracias tivessem de fato amado a liberdade, não os teríamos visto, por exemplo, glorificar-se vergonhosamente por causa de Munique. Não é a liberdade que foram buscar em Munique, mas a paz, a paz a qualquer preço. No fundo de seu coração, preferem a paz à liberdade ou, ainda, confundem uma com a outra. E seria "paz" a palavra certa? Não estariam eles confundindo egoísmo com liberdade?

Americanos, se quiserem homens realmente apegados à liberdade com todas as suas forças, tais homens não podem ser medíocres. Oh! Sem dúvida, homens medíocres, que vivem muito tempo no clima da liberdade, são perfeitamente capazes de gritar como se estivessem sendo esfolados vivos ao ouvirem a novidade que os tirará bruscamente de um meio ao qual estavam acostumados. Não tirem disso a conclusão de que eles se debaterão muito mais que o tempo estritamente necessário para efetuar a operação, ou seja, para transferi-los do aquário da *democracia* para o aquário da *ditadura*.

*

Americanos, os homens da Europa sofreram muito: esta é uma grande vantagem que agora têm sobre vocês. Certamente, os europeus podem, a distância, lhes parecer raivosos, bárbaros ou idiotas. No entanto, não são idiotas nem bárbaros: conhecem perfeitamente o preço do que destruíram em sua cólera, ou que deixaram destruir em seu desespero. Sim, a triste resignação de uns e a violência cega de outros têm o mesmo sentido: o da recusa. Para tomar emprestada uma expressão usual, com um pouco de cunho de gíria, eles nada mais queriam saber e, quando um cavalo não quer saber de mais nada, deita-se ou dá coices na padiola. Vocês nunca tiveram esta tentação? Pensavam que a sociedade do pós-guerra merecia entusiasmo e amor? Ora! Tanto melhor para vocês, que querem que lhes diga? Tenham apenas a boa-fé de se posicionar de outro ponto de vista, mesmo por breves momentos. De qualquer forma, foi preciso que acontecesse alguma coisa na Europa, há trinta anos, para que certas nações se tornassem loucas, as outras oprimidas, prostradas, estúpidas. Vocês me dirão que nada explica tais infortúnios, que o Velho Continente tinha tudo de que um continente, velho ou novo, precisava: bancos, fábricas e lojas – muitas lojas – para nos ocupar durante o dia, e *music-halls* para nos distrair à noite. Claro, claro... Mas, para nos ocupar ou nos distrair, vejam vocês, o que nos faltava era o coração. Os homens da Europa estavam sufocados, os homens da Europa gostariam de ter mudado de ares. "Pois bem!", dirão vocês, "devemos acreditar que, durante a servidão, esses homens deram coices na padiola ou se deixaram levar, pelo amor à liberdade?" Não por amor, mas por desgosto, caros amigos. É muito bonito colocar a liberdade, assim como o amor, ao alcance de todo mundo, mas trata-se de saber de que amor e de que liberdade se está falando. Pensando bem, os democratas pretendiam dar a liberdade como se dá amor em certas casas: "Paguem-me gordos impostos, cidadãos, impostos cada vez maiores. Por esse preço, serão livres, sem terem com que se preocupar, e talvez mesmo sem perceberem". Assim entendida, infelizmente, a liberdade é apenas um bem-estar, enquanto deveria ser o mais magnífico dos riscos, o risco absoluto. Permitimos que a noção de liberdade fosse tão desvalorizada que a palavra amedrontadora, a terrível palavra de Lênin acabou por passar de boca em boca: "Liberdade? Para quê?". Oh! Vocês poderão exclamar que tal blasfêmia é absurda. Todas as blasfêmias são absurdas, mas não se blasfema o que se amou, não se blasfema aquilo em que se acreditou.

*

Americanos, amanhã os homens da Europa terão sofrido o suficiente para que a maior parte deles dê novo sentido à palavra liberdade ou, ao menos, um sentido renovado – o sentido que a palavra tem para um prisioneiro em seu cárcere, para um humilhado em sua vergonha. Falo não somente dos homens a quem se fez acreditar que a liberdade é apenas uma abstração jurídica, que a ficção não vale o que se mede por ela – e nisso, no fim das contas, mal se diferenciavam dos democratas das democracias de Munique – e que acreditaram encontrar novamente a grandeza no fundo da extrema servidão, comprometendo, assim, um chefe, um partido, esta parte inalienável deles mesmos, sem a qual a obediência é apenas escravidão, o esquecimento de si é uma negação. Falo ainda dos outros, falo até mesmo de vocês, ingleses, que, surpresos pela ameaça de morte em plena discussão acadêmica sobre o comunismo, anticomunismo e objeção de consciência, foram tão somente despertados pelo ultraje feito em nome da honra inglesa.

Homens da Europa, o que resta de suas atrozes experiências senão a amarga certeza de terem sido mais ou menos vítimas? Os que pensaram conseguir devolver a guarda da liberdade às instituições salvaram-se da escravidão pelo ferro. Os que se confiaram ao ferro encontraram-se, por sua vez, ameaçados de se tornar escravos. Homens da Europa! Homens da Europa! Não existe mais a verdadeira salvação, senão vocês mesmos. Antes de quebrarem a cabeça para escolher sistemas políticos e sociais que os advogados lhes apresentam, perceberão que nenhuma legislação poderia suprir indefinidamente o desfalecimento dos espíritos e dos corações; que a lei protege eficazmente os fracos apenas sob a condição de ser ela mesma protegida contra os simoníacos e corruptores por homens orgulhosos nos quais vive a tradição das leis não escritas, da justiça segundo o Espírito. Vocês entenderão que todas as liberdades são solidárias, assim como todos os orgulhos, que apenas a humilhação dos fracos descredita diretamente a honra e o prestígio dos fortes, uma vez que desvaloriza e degrada a ideia de força. Mas, sob o pretexto de servir à justiça, vocês não se ajoelharão diante desse ídolo de todas as sociedades conformistas: a Legalidade, que foi substituída pelo Direito.

*

Caro Senhor Roosevelt, quando pronunciamos a palavra democracia, talvez não pensemos ambos a mesma coisa; pouco importa! Não seria totalmente falso dizer um dia que o ouro, o poder e o trabalho da democracia americana salvaram a Inglaterra. Seria ainda mais verdadeiro afirmar que o exemplo heroico da Inglaterra, antes, salvou-a da democracia americana, já pronta para uma Munique colossal. Quero muito que se fale sem discernimento da democracia inglesa, mas, em nome da mesma tolerância, peço permissão para falar, eu mesmo, de uma realidade histórica muito mais complexa: a monarquia inglesa, a tradição inglesa que construiu o homem inglês, muito antes que a palavra democracia entrasse no vocabulário popular – o homem inglês ao qual seu próprio povo deve tanto... Talvez não estejamos de acordo quanto ao sentido exato da palavra democracia, mas pensamos, certamente, a mesma coisa sobre boa parte dos democratas. Se confiar a democracia a eles, Senhor Roosevelt, assim que tiverem a oportunidade rapidamente a sacrificarão por sua tranquilidade, e não terão remorso nenhum, pois acreditam sinceramente que democracia exige sacrifícios, ou seja, sob a proteção da qual não se é permitido enriquecer tranquilamente, deixa de ser uma democracia, por esse mesmo motivo. Vocês talvez tenham defendido a democracia americana contra esses imbecis, e a propaganda totalitária fingiu se escandalizar com o que chamava de seus abusos de poder. Ai! O perigo não está no abuso de poder, mas no gosto secreto dos democratas pelo arbitrário. Temendo o esforço acima de tudo, desejam de bom grado que o Estado faça tal esforço em seu lugar, e como o exercício do sufrágio universal lhes dá a ilusão de poder dizer, ao lado de Luís XIV, "o Estado somos nós", fingem nada ter perdido quando, na verdade, deram tudo a esse monstro anônimo. Caro Senhor Roosevelt, as massas democratas nunca aceitaram essa guerra de maneira viril: deixaram-se levar pelas provocações e brutalidades dos ditadores, entraram nela às arrecuas por vontade de um pequeno grupo de homens livres, de homens orgulhosos que, sem dúvida, elas renegarão amanhã, como nossa democracia francesa outrora renegou Georges Clemenceau. Tendo obtido a vitória, temo que sejam engolidas pelo coletivismo do Estado, que deem coices no estábulo, com um mugido de beatitude. O senhor sabe perfeitamente que isso não é uma pilhéria, caro Roosevelt. Sabe melhor que eu, por exemplo, o que se diz na Inglaterra, entre os homens que foram os instrumentos e os beneficiários da política do Senhor Chamberlain, e entre os intelectuais, ainda mais covardes. O que não se pode esperar, ai!, da eventual colusão entre esnobismo, egoísmo e medo? Caro Senhor Roosevelt, temo que se tenha feito muito caso do conservantismo anglo-saxão. Os anglo-saxões conservam mais por hábito que por gosto, conservam como um doente conserva um dente velho, e conservam-no durante tanto tempo que, de periosteíte e osteíte, acabam por achar natural que um cirurgião lhes arranque o molar e, junto, uma parte do maxilar. Quando um povo conformista passa de um conformismo a outro, pode-se ter certeza de que faz tudo pela metade... Caro Senhor Roosevelt, todos estamos realmente fartos de ouvir denunciarem o individualismo como a causa de todos os nossos males, enquanto, há 150 anos, a sociedade moderna não deixou de fabricar em série modelos de homens cada vez menos suscetíveis de ser distinguidos uns dos outros. Não basta dar aos pobres indivíduos o nome de cidadãos para engrandecê-los na medida dos antigos romanos de Roma. Os cidadãos das democracias modernas mereceriam mais ainda ser chamados de administrados. Pode-se dizer que é preferível ser administrado a escravo do Senhor Hitler. Respondo que uma ditadura leva a outra, que os contribuintes habituados a tremer diante de um guichê ou a decifrar com angústia, com suor na testa, os ucasses incompreensíveis de um bando de *Führers* anônimos fazem, mais cedo ou mais tarde, um excelente gado para os rebanhos totalitários. Eu poderia adicionar que, pelo ódio à ditadura hipócrita dos escritórios, homens violentos sonham ter um mestre, um mestre vivo, nas veias do qual corre sangue, e não tinta.

Novembro de 1941

Homens da Europa! Homens da Europa! Gostaria de testemunhar a seu favor, enquanto o resto do mundo deixou de acreditar em vocês. Homens da Europa, é verdade que quem quer que não conheça o segredo de sua história e de seus destinos não poderia vê-los devorarem uns aos outros sem desgosto. Quanto a mim, tento entendê-los. Não penso cair em um gobinismo ingênuo, ao dizer que, no fim das contas, apenas alguns poucos séculos os separam daqueles que foram seus pais, a quem os funcionários imperiais chamavam de bárbaros – o que tinha sentido bem mais forte de "rebelde" e "inimigo da lei" que o sentido atual de "selvagem". A palavra "bárbaro" soava aos ouvidos romanos da mesma maneira que hoje a palavra "revolucionário" soa aos ouvidos de muita gente. Com efeito, os bárbaros eram revolucionários, e o eram sem saber; tinham, por suas velhas raças militares, apaixonadas e vagabundas, certo sentimento de liberdade que poderia ser visto como anárquico aos olhos de um procurador romano, pois era mais um instinto que um sentimento. O que se ouvia, na época, em suas pobres choupanas, ou nas praças de suas aldeias, provavelmente se parecia muito – creiam-me – com o que se ouve hoje na casa de qualquer comerciante de vinho... Chegado o momento, os bárbaros julgaram perfeitamente natural acabar com os burgueses – "Do passado, façamos tábula rasa" – e esforçaram-se para encontrar uma espécie de civilização original, visivelmente inspirada na desconfiança dos homens da lei, dos tesoureiros, dos burocratas e dos comerciantes, ou seja, de quatro espécies de homem que mais os fizeram sofrer na época da servidão. Andando às apalpadelas, colocaram de pé um sistema muito complicado – que, com o tempo, acabou sendo simplificado – de obrigações recíprocas garantidas por engajamentos livres, a fim de que a obediência pudesse realmente ser chamada de Lealdade. Não nego que tal tentativa tenha falhado. Falhou, pois os bárbaros foram traídos. Toda a nossa história, durante séculos, foi a história de uma lenta e inexorável restauração da Ordem Pagã, de uma vingança da Ordem Pagã contra uma civilização cristã que, a propósito, acabara de começar, na qual os próprios cleros provavelmente nunca acreditaram, pela qual nunca tiveram coragem de correr riscos. Homens da Europa! Homens da França! Todas essas considerações históricas são grego para a maioria de vocês, estamos de acordo, mas isto não impede que a ordem que lhes é imposta há tanto tempo não seja a sua própria ordem. Não é a ordem que vocês teriam criado, não é a ordem que começaram a criar. Há já quarenta anos, toda discussão sobre esse ponto pareceu puramente especulativa, pois ninguém ousava dar à ordem o seu verdadeiro nome. Agora vocês sabem qual é, vocês julgam nossa civilização por suas obras, pela árvore de seus frutos. Se não tomarem cuidado, uma lógica inflexível implicará, futuramente, o restabelecimento da escravidão, ou mesmo – por que não? – a divinização dos *Führers*. Homens da Europa, seus mestres espirituais e temporais mentiam quando os convidavam a acreditar que apenas incorporaram o passado ao presente. Esconderam-lhes o monstro durante tanto tempo quanto puderam, ou talvez tenham retardado seu crescimento. Vejam-no agora, perfeitamente adulto, dotado de um número exato de garras e dentes; agora, seria inútil chamar o tigre de gato, ou querer fazer-lhe cócegas no queixo para ouvi-lo ronronar. "O Estado pagão ressuscitou!": eis o grito de alarme que deve retumbar noite e dia entre os homens, se é que ainda há homens. O Estado pagão não apenas se reencarnou nas instituições, mas impôs-se aos espíritos e às consciências. Comunistas ou totalitários, operários ou burgueses, cada um tem de Deus uma imagem diferente, e ora a ele de acordo com seus próprios ritos, mas todos imploram por seu reino – *adveniat regnum tuum*! Os povos não querem mais correr riscos, querem viver sua vida de povo como um homem digno de tal nome quer viver vida de homem. Tanto hoje quanto há vinte séculos, eles depositaram sua esperança em uma burocracia colossal. Agora, são covardes demais para impor-se deveres livremente e, não morrendo tanto de medo ao pensarem nas prováveis consequências de seus vícios, voltarão de bom grado à Administração dos cuidados de preservação de si mesmos, e de obrigação de fazer o que deve ser feito, desde que, no entanto, se poupe seu amor-próprio, contanto que possam sempre se dizer eleitores e afirmar-se no controlo desta enorme máquina. Notem que eles sabem muito bem que, com o rumo das coisas, a Administração será, amanhã, tão poderosa, e sua regulamentação ecumênica tão minuciosa que, com o nome de eleitor tornando-se um privilégio honorífico tão vão quanto o título de cônego de Latrão conferido pelo Sumo Pontífice a todo presidente da República, trocar de deputado ou de senador será tão relevante quanto trocar de guarda-chuva. Pouco importa! Eles só querem complicar ainda mais seu sistema. A imprensa de Londres não anunciou triunfalmente, outro dia, que era preciso associar os sábios, que a salvação da democracia o exigia? Mas que país, pergunto a vocês, tinha mais sábios que a Alemanha? Esterilizar os anormais, eliminar os produtos inferiores, aplicar à nossa espécie os procedimentos normais da seleção e, em tudo que diz respeito aos fracos, seguir o exemplo da natureza que, longe de ameaçá-los, sacrifica-os impiedosamente aos fortes: isso tudo me parece diabolicamente científico. Pouco importa! Pouco importa! Os comitês dos fisiologistas discutirão com os comitês dos moralistas e com os comitês dos teólogos até que cada direito imprescritível do cidadão seja garantido por uma dezena de escritórios cotidianamente abertos, das dez às dezessete horas, excetuando-se, é claro, domingos e dias de festa... Oh! Os autores de regulamentos têm muito trabalho pela frente! Por mais complicado que seja a nossa administração, ela é apenas uma brincadeira de criança comparada com a do Império Romano, alguns anos antes do advento de Constantino!... O Estado pagão ressuscitou!... Cuidado! Estejam alertas! Isso não quer dizer que os chefes de Estado não irão mais à confissão, imbecis! Isso significa que um número cada vez maior de homens recusa a parte heroica da vida, recusa-se a apostar, como Pascal, nos valores eternos. Notem bem que eles não negam todos. Mas mesmo os que ainda creem neles não querem mais apostar, eis tudo: não têm nenhuma vontade de engajar seu destino a essa sorte. Gostariam de dizer que não podem. Perderam o sentido da justiça: tornaram-se absolutamente incapazes de desejá-la, com esse desejo que o Evangelho ousa comparar com a fome e com a sede. Pedem, apenas, que sofram pessoalmente de injustiça o mínimo possível e, para isso, fazem-se pequenos diante dela, rebaixam-se para lhe dar menos ação, esforçam-se para não se distinguirem, para se perderem no rebanho. A partir do momento em que os homens decidiram colocar-se de acordo em sua mediocridade, o Estado pagão foi concebido, e não deixará de crescer. Os homens tornar-se-ão cada vez mais medíocres, e o Estado cada vez mais poderoso. Com certo grau de perfeição na mediocridade, na uniformidade, na disciplina gregária, perderão sua dignidade de homens, e o Estado será Deus. Que importância terá, assim, o nome sob o qual deveremos adorá-lo, Democracia ou Ditadura?

Homens da Europa! Vocês não sofrerão por recomeçar uma experiência cem vezes tentada e cem vezes falida. Não é verdade, como afirmava Jean-Jacques, que o homem nasce bom e a sociedade o corrompe. Também não é verdade que a sociedade, indefinidamente perfectível, seja capaz de melhorar indefinidamente a condição do homem. Sempre chega o momento em que a sociedade pede mais do que dá, em que o menor crescimento do bem-estar se contentará com uma liberdade essencial. Há quem se ache muito esperto por zombar de quem busca no mundo o Reino de Deus. Mas os que querem instaurar o Reino do Homem constroem decepções mais dolorosas, pois o paraíso terrestre não é menos acessível que o celestial e, caso conseguisse encontrar novamente seu caminho, nossa espécie chegaria a ele completamente degradada: o paraíso terrestre tornou-se o paraíso dos burros.

*

Homens da Europa, é perfeitamente ridículo que eu queira me endereçar a vocês, mas, no fim das contas, não é mais ridículo que me endereçar ao Senhor Roosevelt ou ao Senhor Churchill, ou aos mortos da outra guerra com quem mantenho, há 23 anos, uma conversa que, infelizmente, não é mais que um longo monólogo. Homens da Europa, desconfiem da paz! A última já era uma bela armadilha de ratos, mas esta terá as dimensões de uma fossa de elefantes selvagens e, caso se deixem cair todos de uma única vez, nunca mais conseguirão subir novamente. Desçam a passos lentos, permaneçam na rampa, homens da Europa! E, antes de tudo, tenham esta ideia bem clara na cabeça: muitos, muitos dos que se vangloriaram de ter libertado as ditaduras de outrora foram – ao menos moralmente – seus cúmplices. Os anciões deploráveis ou pirralhos cínicos, aos quais devemos a casuística da Não Intervenção, gritarão "Viva a Liberdade!" mais forte que os outros. Recusem-se a recebê-la de tais mãos. Esses vigorosos homens, ainda ontem em Munique, ao pronunciarem pelas suas costas o nome da Liberdade, certamente não podiam olhar-se entre si sem conseguir não rir. Suponham que, 48 horas antes do armistício de 1940, por milagre o muco, a sarna e a peste tenham dizimado o Exército alemão, que Pétain e Weygand tenham, bruscamente e sem seu conhecimento, se tornado vencedores; os dois compadres falariam hoje aos franceses com a mesma linguagem com que falarão a vocês amanhã. Desconfiança, desconfiança, homens da Europa! Caso não estejam alertas, o que os ditadores quiseram fazer em alguns anos será feito em cinquenta ou cem, mas o resultado será o mesmo: o Estado terá conquistado, seduzido, absorvido tudo; vocês não escaparão aos semideuses totalitários senão para cair novamente, lentamente, no visgo da ditadura anônima. O Estado encarregar-se-á, definitivamente, de seu bem-estar, e apenas a morte os libertará de sua enorme solicitude. Escutem bem, homens da Europa! Estão tentando fazer com que acreditem que não existe maneira de se opor a esse crescimento monstruoso, que ele está na natureza das coisas. Eu lhes digo que ele não está na natureza do homem, que o homem, se quiser, terá a última palavra sobre as coisas. É erro comum a muitos imbecis acreditar, atualmente, que as últimas liberdades serão, mais cedo ou mais tarde, arrancadas de suas mãos, que se devem resignar de antemão. Ninguém lhes arrancará as liberdades; eles as deixarão para lá como as outras, afrouxarão os dedos, sem mesmo perceber, e o Estado vigilante as recolherá para enriquecer sua coleção. O poder excessivo do Estado não é senão a medida de nossa crescente covardia. O Temporal cresce com tudo que se perde de Espiritual, ah! Quando vocês finalmente entenderão, homens da Europa? O Estado é um seguro contra os riscos. Se querem ser assegurados por ele contra os riscos legítimos, indispensáveis – daqueles que nenhum homem pode recusar sem desonra –, concordem em trocar o título de Cidadãos pelo título de Assistidos.

*

Homens da Europa! Não é verdade que não podemos mais ir contra esta colossal, esta alucinante criação do instinto gregário, não é verdade que ela tenha superado o ponto de crescimento antes do qual ainda era permitido esperar que fosse vulnerável. Oh! Certamente, seria vão querer criar contra ela uma instituição, nascida do mesmo espírito: correr-se-ia o risco de sair, como os alemães, os russos, os espanhóis ou os italianos, de uma servidão para uma servidão ainda pior. O Estado teme apenas um rival: o homem. Digo o homem sozinho, o homem livre, não o refratário brutal e sumário, não o anarquista intelectual que, de todos os intelectuais, é o mais ridículo e, para citar o célebre termo de Proudhon, o mais "feminil". Digo o homem livre, não o argumentador ou o bruto, mas o homem capaz de impor-se sua própria disciplina, que não a recebe cegamente de ninguém. O homem para quem o supremo *conforto* é fazer, o máximo possível, aquilo que quer, na hora que decidir, mesmo que deva pagar com solidão e pobreza o testemunho interior ao qual atribui tanto valor; o homem que se dá ou se recusa, mas que nunca se empresta. Não esperamos que uma gente assim seja a espécie concluída da humanidade. Não desejamos que seu número cresça indefinidamente. Sabemos apenas que, quando uma espécie se torna muito rara, se veem imediatamente o espírito da Legalidade dominar o espírito da Justiça, a Obediência tornar-se o Conformismo, e as instituições imaginadas para a proteção dos indivíduos e das famílias ser sacrificadas com seu furioso crescimento.

*

Homens da Europa, vocês escandalizaram o mundo, mas é necessário que o escândalo venha. Ao menos, vocês agora já não têm muita coisa a perder, nem muita coisa a construir. Vocês podem ser, nas engrenagens tão complicadas da gigantesca máquina de escravidão, os grãos de sílex cuja perpétua ameaça exerce o zelo de seus engenheiros e contém sua voracidade. Entre vocês certamente existem seres degradados: são aqueles que, em Roma, Moscou, Berlim ou Madri, foram os efetivos da polícia do Estado – guardas prisionais, espiões e algozes. Há, ainda, os aproveitadores das guerras civis ou nacionais. Há, enfim, os cleros simoníacos que traíram o Intelectual e o Espiritual em proveito dos mestres, quaisquer que fossem. Mas o mundo atual não tem o menor direito de censurar em vocês a ignomínia desses miseráveis, pois são justamente eles que vocês verão construí-lo amanhã. Os governos sempre precisam de policiais, de homens de negócios e casuístas, e não tardarão a contratá-los. Entendem? Entendem que, sobre toda a superfície global, o Neutro será moralmente solidário às pessoas que puderem responder às censuras? "Oh! Perdão, fomos os guardas prisionais, algozes, aproveitadores ou simoníacos pela mesma razão por que vocês foram neutros, a fim de salvar nossa pele e ganhar dinheiro. Se uivamos com os lobos, em vez de nos calar, é porque estamos ao alcance de seus ganchos. Que teriam feito em nosso lugar, hipócritas?" Longe de maldizer esses irmãos perdidos, o Neutro os convidará, polidamente, a se calarem, a não comprometerem a União Sagrada dos Negócios, indispensável à retomada econômica. A Paz de amanhã, assim como a de ontem, conhecerá apenas uma espécie de homens realmente inassimiláveis: o herói vivo ou morto.

Sinto certo pudor ao escrever esta palavra difamada, mas não consigo encontrar outra. Ao menos, dou a ela seu sentido mais humilde. Chamo, aqui, de herói qualquer um que se tenha mostrado capaz de exercer o heroísmo, que preferiu uma vez – e não digo de uma vez por todas, digo uma vez apenas – a honra à vida. Não tenham pressa de responder que a maior parte dos seres humanos, normalmente favorecidos, pode, em certas circunstâncias, fazer esta escolha insólita. Responderei que nada é mais verdadeiro, de fato. Por esse motivo, o heroísmo da guerra é um fenômeno tão fugaz, e o herói da guerra é um ser tão decepcionante. Os políticos realistas contam com isto, e não estão errados. É exato que, para uma sociedade baseada no Lucro, o sacrifício da vida em detrimento da honra é um ato monstruoso, uma vez que, de todas as operações imagináveis, é a única cujo benefício é necessário e radicalmente nulo. Devemos até mesmo concluir que uma sociedade realista pode perfeitamente ser desculpada por considerar a Pós-Vitória como um difícil período de provação, ao longo do qual lhe é preciso, custe o que custar, eliminar os heróis. Mas os velhos cínicos da política e dos negócios também sabem muito bem que o prognóstico de uma crise assim é, geralmente, favorável, pois um herói de guerra é, de todos os heróis, o mais frágil, o mais inconstante, a partir do momento em que se encontra fora do meio que o formou. Nada ignoro disso tudo, a experiência da última paz bastou-me para aprender e, no entanto... Oh! Ingleses, foi por vocês que comecei a escrever estas páginas, e eis que agora me volto para vocês, mas não é apenas para vocês que volto. Volto de longe demais para falar apenas a vocês. Voltamos de longe, nós, os franceses, voltamos verdadeiramente do fim da noite; não esperem de nós as mensagens estridentes que caem do céu com a triunfal bênção da aurora. O que lhes trago é apenas uma espécie de pressentimento, uma esperança ainda pouco exprimível. Ingleses, creio que veremos coisas grandes, mas elas virão, como sempre, de onde ninguém espera. Assim que se pronuncia a palavra "salvação", todos ficam de nariz em pé, o que – permitam-me dizê-lo – é um hábito próprio dos cristãos. Também os judeus de Nazaré tinham o nariz em pé, e o Menino Jesus brincava na praça da sinagoga; quando passavam, chocavam-se com ele, sem vê-lo. Ingleses, a miséria e a humilhação dos homens estão brotando da terra e, como toda semente, foi preciso que antes apodrecesse; peço perdão por lhes falar em linguagem poética. Quero dizer que a anormalidade de nossas decepções não poderia ser razão para o desespero; tal ideia deveria, antes, fortalecer nossa coragem. Os idealistas estão decepcionados, mas os realistas também estão. O tipo de civilização material que parecia, na época da Rainha Vitória, ter de favorecer indefinidamente os banqueiros e negociantes não os poupa mais que o resto do rebanho. Há cinquenta anos, os calculadores também foram tão frequente e duramente ultrajados em seus cálculos quanto os sonhadores em seus sonhos. Eles não concordam facilmente com isso, pois deram à nossa civilização um sentido, e nunca se interrogaram seriamente se tal civilização não teria outra que um dia se descobriria. O mundo moderno está aqui, diante de nós, como uma imensa máquina e, sabendo o que ela desperdiçou em dinheiro e trabalho, calculamos o que custará agora para demoli-la... Mas as civilizações não são máquinas, não se desmontam como hangares de viga de aço; estão vivas, obedecem às leis da vida; por que não seriam assimiladas? Talvez a liberdade seja salva por um pequeno grupo de homens – pequeno aos olhos da inumerável multidão de covardes e imbecis? Vejam vocês, ingleses, que os políticos de 1918, como lembrei anteriormente, conseguiram eliminar rapidamente os homens da Linha de Frente. Alguns meses depois do armistício, meninos sem medo começaram a tremer novamente diante do mais reles funcionário, a tirar humildemente o chapéu para os antigos mercadores que se tornaram milionários. Mas, sem dúvida, essa experiência não é tão decisiva quanto pensam os realistas, pois hoje existe um novo fato, capaz de reduzir seus cálculos a nada. A Europa faminta não está mais em guerra, mas em estado de revolução. Ingleses! Vocês podem lutar sem ódio – como nós mesmos tanto lutamos, há 25 anos –, pois têm soldados diante de si. Os povos desarmados têm mestres armados até os dentes, impossíveis de abordar lealmente de frente, e os povos precisam se habituar a matá-los pelas costas, como cães. Vocês têm mortos gloriosos, os povos da Europa têm mártires. O poder de dominação da Alemanha e sua capacidade de opressão são enormes, mas as forças revolucionárias que se formam na Europa estão, pouco a pouco, desequilibrando esta formidável pressão. Tais forças explodirão, mais cedo ou mais tarde. Pode parecer estranho a alguns que eu me deleite nisso, pois sabem que sou cristão. No entanto, é justamente como cristão que me deleito. Deleito-me ao pensamento de que a cumplicidade universal dos simoníacos da ordem temporal e espiritual não tenha conseguido fazer triunfar de maneira definitiva sobre a abjeta noção do poder estabelecido, do regime de fato, que não tenha conseguido substituir totalmente a ficção da Legalidade pelo princípio da Legitimidade. Folgo em saber que o otimismo deplorável deles não tenha conseguido desonrar a ponto de se falar em nome da lealdade. Quem obedece indiferentemente a qualquer um não sabe mais o que é servir. Quem respeita qualquer um ou qualquer coisa demonstra que perdeu o sentido de uma das mais nobres virtudes humanas: o da veneração. Quando lamento que o mundo não tenha mais sua reserva de indóceis, não estou traindo a ordem, de forma alguma. Nenhum chefe digno do nome jamais desejou dirigir um povo de subalternos: tais são os delírios dos inspetores ou dos devotos; só é possível apoiar-se no que resiste.

*

E assim, então, entre tantas ruínas, o semideus totalitário fez, ao menos, um grande favor aos homens da Europa: agora eles sabem o que é um Tirano. Mais alguns anos, talvez, e a palavra de revolta não terá exprimido mais que uma simples atitude intelectual, quase sempre deformada pela cabotinagem. Mas o Tirano da Europa é um tirano de carne e osso, e a revolta da Europa terá, também ela, seu peso de carne e osso. Vemos a liberdade afastar-se, pouco a pouco, de suas definições jurídicas; torna-se novamente humana, encarna-se, é novamente a companheira viva do homem. Deus queira que o homem reaprenda a defendê-la, não como um privilégio sempre revogável concedido pela Lei, mas como a carne de sua carne!

*

Eis a minha mensagem, ingleses: ela vale o que vale. Tenho medo que pareça lhes dar uma conclusão insignificante, mesquinha, em um número tão grande de páginas, pois a importância capital do fato que anuncio será descoberta apenas mais tarde. Anuncio que os governos não vencerão os heróis desta vez, pois os heróis disciplinados da guerra nacional juntar-se-ão, amanhã, aos rebeldes da guerra pela Liberdade. Ou, ao menos, o fermento da revolta não será destruído tão rapidamente desta vez, a massa poderá crescer. Vocês podem dizer que essa particularidade não será interessante, senão para o moralista – paciência, paciência!... Nossos especialistas repetem que a matéria humana é sempre a mesma, em qualquer lugar. É verdade que muda muito pouco, com efeito, mas que importa, se a mínima modificação pode ter consequências incalculáveis? Do ponto de congelação ao ponto de ebulição de uma matéria inorgânica, como a água, devem-se contar cem graus. No entanto, uma diferença de alguns décimos na temperatura pode fazer com que o homem vivo se torne um homem morto, entendem? Pois sim, a temperatura do homem esteve abaixo do normal, e agora anuncio que vai subir.

Enquanto os congressos são reunidos com o objetivo de aperfeiçoar ainda mais as organizações de proteção coletiva, é, sem dúvida, estranho que eu possa sonhar em depositar minhas esperanças em homens dispersos pela Europa, separados pelas fronteiras e pela língua, homens que nada têm em comum entre si senão a experiência do risco e o hábito de não ceder à ameaça.

– Aonde os levará? – perguntar-me-ão.

– Não os levarei a lugar algum, não sou chefe deles.

– Aonde eles o levarão?

– Não poderia dizer com exatidão, mas sei bem aonde vão seus comitês de financeiros, economistas, higienistas.

Toda essa gente fingirá estar a nosso serviço, a serviço do bem comum e, conscientemente ou não, estarão a serviço do Estado, trabalharão apenas para ele. A mínima tentativa de melhora de nossa condição nos imporá o imenso aparelho legislativo e administrativo, de complexidade tão prodigiosa que fica a dever apenas à dos últimos imperadores de Roma. Que os projetos desses senhores sejam exequíveis ou não, a parte de liberdade que comprometeremos na experiência nunca nos será devolvida: teremos uma liberdade a menos, e o Estado um direito a mais. Não pensem que sou obcecado pela burocracia. Quando os povos se tornam uma burocracia, como se diz que o sangue de um hidrópico se torna água, é porque já estão doentes. Para mim, a burocracia nada mais é que o sinal visível das exigências do Estado, e seria errado acreditar que o próprio Estado limita suas exigências, enquanto, em certo ponto ultrapassado, pode apenas crescer e nos fazer decrescer. Enquanto esperarmos dele nada além de conforto e segurança a qualquer preço, como se esperou outrora, em Munique – a benevolência dos ditadores –, a "paz a qualquer preço", por que ele nos pediria o abandono de nossa liberdade de pensamento? É provável que a ofereçamos ao Estado de bom grado, pois ela nem sequer nos pertencerá; permitiremos que seu direito seja imposto, por falta de uso.

*

Não nos importamos nem um pouco que esse processo pareça fatal aos realistas peritos. Ele é lógico, não fatal, e a lógica dos realistas peritos é raramente a lógica da Natureza ou da História. Não nego que a sociedade humana pareça evoluir para uma espécie de coletivismo universal, mas isso acontece porque as forças de defesa da pessoa humana estão tomadas pelo estupor. Isso não impede que ainda existam: sua reação será fulminante. E o que é preciso para fazê-la vir à tona? A vontade obstinada de alguns milhares de homens orgulhosos e livres.

Os povos que perderam o sentido da Liberdade o encontrarão tão somente no sangue e nas lágrimas, no fundo da extrema servidão. É um fato capital que hoje a Europa está quase que inteiramente dominada. Digo *dominada*. Há muito tempo, os homens degenerados já não faziam distinção entre a disciplina e a servidão, iam de uma a outra, na indiferença universal. Dominada, oprimida. Não oprimida no sentido que uma mulher "incompreendida" dá a esta palavra, ou um bravo católico francês diante de um ministério anticlerical, mas oprimida, sufocada, mantida no solo com os braços em forma de cruz, com os joelhos do Mestre sobre o peito; entendem a nuance? Dominada, oprimida, humilhada, ultrajada. Toda essa gente se acostumou – mais ou menos – à injustiça, mitridatizada. Mas ela agora é administrada com dose tão forte que devem vomitá-la ou morrer... "Engula ou morrerá!", diz o Algoz. Os que engolem morrem ainda mais rápido que os outros, ou apodrecem vivos, objetos de desgosto para todos. "Engula, ou morrerá!" – isso não lhes lembra algo? O Estado pagão reencontrou a linguagem perdida, ou talvez nunca a tenha esquecido, e éramos nós que entendíamos mal. "Engula, ou morrerá"; e por que não "Adore, ou morrerá"?

*

Há vinte séculos, nossos povos não entenderam o mandamento sacrílego, a palavra maldita. Ao pronunciá-la novamente em primeiro lugar, a Alemanha conformou-se com seu papel histórico, com sua vocação espiritual, que é descobrir-se sempre muito cedo, comprometer com muita pressa a execução dos planos do Mal, libertar seu pensamento oculto. A Alemanha trouxe tal desafio à consciência humana.

Gostaria de dar a esta última palavra seu verdadeiro valor. Não a entendo como a opinião pública controlada por todos os Institutos Gallup do universo, oh não! A única verdadeira consciência humana é a dos homens sinceros e livres. Se, por milagre, existisse apenas um, toda a consciência humana lhe pertenceria. A Alemanha trouxe tal desafio; não o levou apenas em seu nome, mas em nome de uma doutrina, e tal doutrina lhe é comum com seus aliados declarados na Espanha, na Itália, na França, assim como com seus cúmplices secretos. A Alemanha levou tal desafio em nome do Estado-Deus, e não foi de seus ancestrais germanos que herdou a idolatria, mas sim da Roma pagã. Não que a Antiga Roma tenha sido a única idólatra, mas nos transmitiu a idolatria em sua forma mais grave, mais tenaz: seu veneno corre em nossas veias, as elites democráticas estão cheias de idolatria em potencial, e apenas esperam a oportunidade para ir da ditadura anônima da Lei à ditadura do Regulamento, e da ditadura do Regulamento à ditadura do Regulamento Encarnado, do *Führer* onipotente, onisciente. É justamente por isso que não conto, de forma alguma, com as elites sociais intelectuais, ou até mesmo religiosas, para responder ao desafio trazido pela Alemanha; depositei novamente minhas esperanças nas mãos dos rebeldes. Recorro ao Espírito de Revolta, não por ódio sem reflexão, cego, contra o conformismo, mas porque gosto ainda mais de ver o mundo arriscar sua alma que vê-lo renegá-la. É desse modo que a medicina moderna trata a paralisia geral pelo paludismo. Não espero dos homens de quem falo que organizem a cidade futura, a nova cristandade; espero que a tornem possível, ao forçarem os mestres de consciência a responder, enfim, pelo sim ou pelo não. Pois tudo está nisso. Toda nossa sorte está no abrasamento das forças espirituais, qualquer que seja a mão que lhes aproxima a lenha.

*

A Alemanha trouxe esse desafio à consciência cristã, mas a consciência cristã é Cristo, e Cristo não responde aos desafios: são os cristãos que os revelam. Nunca acreditei que o Bom Deus nos escolhesse pelo que temos de melhor que os outros e, se não fosse absurdo querer penetrar nos desígnios da Providência, eu pensaria o contrário. Mas se podemos perfeitamente não partilhar nossas crenças, é iníquo de nossa parte atribuir-nos falsas crenças. Para todo cristão digno do nome, o mistério da Encarnação não é o da Exaltação dos devotos, dos devotos e de seus pastores, mas o da Humilhação divina. Condescendendo em ocultar-se no meio de nós, cristãos, Deus não ignorava – se assim posso ousar dizer – que seria dificilmente reconhecível... Nada mais natural que os crentes se espantem ou se escandalizem com nossa preguiça e nossas covardias. Mas nós sabemos perfeitamente qual instrumento pesado e grosseiro somos nas Mãos Soberanas e que, diante do desprezo dos ensinamentos do Evangelho, nunca deixaremos de esgotar todas as prudências e todos os ardis da Sabedoria deste mundo – *Sapientia Mundi* – antes de nos decidir a correr os riscos do outro. Pouco importa! Não se trata do que queremos e podemos, mas do que Deus quer e pode para nós: não é a mesma coisa. Quando chegar o momento, Ele colocará sua Igreja ao pé da parede, tendo cuidadosamente bloqueado todas as saídas, à direita, à esquerda, na frente, e ela pesará sobre o obstáculo com todo seu peso, todo o heroísmo de seus santos, assim como com toda a inércia acumulada dos medíocres. De que serve, então, querer distinguir os covardes dos heróis, os que se lançam dos que "não encaram de frente", pois toda possibilidade de saída lhes foi interditada?

*

Naturalmente, não posso censurar os políticos realistas por terem da Igreja uma ideia realista, ou seja, por considerá-la como potência política semelhante às outras. Se fosse apenas isso, não seria senão uma lembrança histórica, pois a política tão vangloriada pela gente da Igreja, quando examinada de perto não vale sua reputação: é, ao mesmo tempo, muito astuta e muito ingênua. Em que pode resultar um oportunismo quase cínico, condenado a agir nos quadros da prudência humana e da sabedoria divina, a satisfazer aos interesses e às consciências? Se a Igreja fosse apenas um empreendimento político, vocês pensam realmente que teria, ao longo dos séculos, iludido a clarividência de tantos santos e santas, cuja maioria sofreu não apenas *para* ela, mas também *por* ela? Ninguém duvida que a Igreja seja um governo; contudo, enquanto governo, sua ação é extremamente lenta e inábil, e sua inércia colossal. Parece que Deus paralisa seus membros pela metade, a fim de desenvolver também sua vida interior. O Corpo da Igreja está enfermo, e é fácil entender a ilusão dos semideuses da terra que, iludidos por suas gigantescas proporções, pensam nada ter a temer senão esse corpo, aproximando-se dele com precaução, tocando--o apenas com a ponta dos dedos e, pouco a pouco, atrevendo-se, até o ponto de acharem que a partida está ganha. "Ora! É só isso!", pensam eles. Não duvidam que as reações desse grande corpo são absolutamente diferentes daquelas com as quais têm experiência. É o mesmo tipo de erro que poderia cometer um rei tribal maravilhado com o fato de um forasteiro se deixar desapossar de seu velho chapéu de aba alta ou de seu guarda-chuva sem nada dizer, enquanto aquele aperta violentamente uma pedrinha transparente, parecida com um pedaço de vidro qualquer, por ele chamada de diamante.

*

O Corpo da Igreja move-se apenas quando obrigado pelo Ser interior que o habita – ordinariamente absorvido na contemplação e na oração, mas prodigiosamente sensível a certas advertências misteriosas, a certos sinais que apenas ele percebe –, e tal obrigação, evidentemente, é para ele muito árdua. O Corpo da Igreja nunca é tão miserável quanto no momento em que o Espírito triunfa. Por isso, há dois anos, o silêncio e o embaraço crescentes dos pastores, longe de me perturbar, avisam-me que o tempo está próximo. Como qualquer um entre nós – ai! – quando chamado por Deus, eles, antes de obedecerem, esgotam todas as maneiras legítimas não de se livrarem da provação, mas, sem dúvida, ao menos, de retardá-la. Que querem vocês? Quando nos esforçamos tanto para adquirir a sabedoria deste mundo, é difícil pensar que toda essa ciência de mais nada servirá. Quando se exerceu a dialética e a casuística durante tanto tempo, é difícil se ver obrigado a obedecer ao preceito do Evangelho, resignar-se a responder com um sim ou um não... Ainda mais doloroso e difícil quando os sábios e doutores não se sentem, de forma alguma, sem recursos ou paciência: todos têm na gaveta o plano de uma nova ofensiva diplomática, invencível, infalível... Mas qual! Outra paciência, que parecia inesgotável, que vem cessando bruscamente, sem razão aparente, está no fim, pois tem sua fonte em um lugar diferente da nossa – a Paciência dos Santos, que provavelmente não se diferencia da Paciência dos Pobres – *Patientia pauperum non peribit in aeternum...*

*

Não gostaria de irritar os leitores incrédulos ao falar-lhes sobre o Diabo, mas bem, se os jornalistas e chefes de Estado se permitem designá-lo frequentemente pelo nome do Mal, de "Forças do Mal", por que eu me mostraria mais tímido que eles? Parece-me bem-aceito que o Diabo é o Espírito da Revolta – opinião favoravelmente acolhida pelos conservadores, uma vez que os autoriza a colocar todos os descontentes no Inferno e todos os policiais no Paraíso. Não nego que o Diabo seja revoltado em proveito próprio, mas nada prova que tenha formado o propósito de seduzir os homens da mesma maneira que seduziu os anjos. A experiência demonstraria, antes, que o Diabo julga mais difícil nos perder para o Espírito da Revolta que nos desonrar pelo Espírito da Servidão e que, longe de se propor nos educar rumo à dignidade satânica de anjos rebeldes, seu ódio clarividente medita para nos rebaixar à condição de animais. Se essa hipótese os escandaliza, tanto pior! No fim das contas, vocês encontram, entre os poucos pescadores, um pequeno grupo de pescadores que Cristo amaldiçoou no Evangelho, muitos revoltados ou refratários? Não vejo muitos, mas vejo conformistas, gente subjugada a uma fé sem generosidade, a uma disciplina sem amor. O Amor: eis a palavra que conclui. Apenas o homem livre pode amar.

*

Não afirmo que Hitler seja o Anticristo. Se fosse, creio que teria decepcionado o Diabo, pois regenerou a Liberdade por um novo batismo, lavou-a e purificou-a com o sangue dos mártires. Outrora, quando se pronunciava essa palavra, os fariseus balançavam a cabeça e os Doutores da Lei corriam para buscar em sua biblioteca o Dicionário dos *Distinguo*... Agora, não são mais controvérsias especulativas, nem negociações capazes de poupar, ao mesmo tempo, o opressor e o oprimido. Os que morrem, morrem em vão? O bem pelo qual morrem merece que se morra por ele? Se o deus da Europa não ousa ainda se fazer adorar pelos servidores, exige abertamente deles doação total, e essa pretensão prodigiosa logo parece natural a um sem-número de imbecis, entre os quais o Senhor Camille Mauclair, por exemplo, que se declara pronto a abandonar seu livre-arbítrio. Não é mais uma questão de responder por frases pomposas a essa espécie de benefício que, a partir de agora, devemos ao Senhor Hitler, mas de ter colocado os negociadores no desemprego e reduzido todo mundo ao silêncio. Ninguém discorda que tal silêncio seja rompido em breve. O sangue que escorre talvez ainda seja apenas o sangue dos homens de boa vontade, mas o sangue dos santos há de ser adicionado a ele e, uma vez que estiverem misturados, nada destruirá a solidariedade dos mártires.

*

Afirmo que um período da história da Igreja se tenha resolvido: o que começa com a Reforma de Lutero. Há muitos séculos, dir-se-ia que a Igreja ainda não havia conseguido esquecer esse terrível golpe que a surpreendeu em plena euforia de riqueza e poder. Ao mesmo tempo que a Igreja tinha sido, até então, mil vezes mais ousada em suas pesquisas e especulações que qualquer um dos monges que, justamente, criavam contra ela os campeões da interpretação rigorosa e literal dos textos, ela pensou ser traída pela Ciência. Guardiã das mais altas tradições do Espírito, pensou ter sido traída também pela Liberdade; inexplicavelmente, deixou-se afrontar e ultrajar em nome do mesmo príncipe no qual depositou para sempre seu fundamento metafísico e pelo ódio do qual o Império quis arrancá-la da terra. Não se poderia discordar que esse doloroso complexo de inferioridade tenha sido mais ou menos mantido pelas instituições ou pelos homens que tiravam da Igreja sua glória e seu proveito, dentro e fora dela. Repito que esse período está resolvido, que outro está começando. Mais de um leitor incrédulo declarará, sem dúvida, que esse fato – considerável, em minha opinião – não tem nenhuma importância a seus olhos. Que se desenganem! Quando a Igreja se sente ameaçada em seus bens ou seu prestígio, é natural que tente se reaproximar dos governos expostos às mesmas provações, que tente ligar sua sorte à sorte de tais governos. Mas seria imbecil e injusto querer julgar seus recursos, tendo em vista que, ao defender valores acessórios, em suma, a Igreja não poderia comprometer as forças profundas e essenciais de que dispõe. O problema é do leitor incrédulo se, *a priori*, despreza tais forças. Temo, no entanto, que se iluda um pouco demais com aquelas em que confia atualmente. Como repeti muitas vezes ao longo destas páginas, não é a sociedade que, no presente momento, corre o maior perigo, mas o homem; e, sem dúvida, foi sempre assim, mas tal verdade conta com poucos apóstolos, pois a defesa da sociedade é, seguramente, de maior proveito que a defesa do homem... Enfim, o homem não foi feito para viver sozinho, e os membros dispersados do rebanho acabarão, infalivelmente, por se reunir. Em vez disso, se o homem fizer, um dia, o sacrifício dos direitos da Pessoa em detrimento da Coletividade, nunca mais encontrará tais direitos, pois a coletividade não parará de crescer em poder e eficácia material. Oh! Sei bem o que vocês me dirão. Vocês dirão que a Coletividade democrática nunca prejudicará os direitos sagrados da Pessoa. Perdão, mas quem pode me garantir? Por que a maioria não me imporia, amanhã, sua própria Moral, se a minha se opusesse a seus benefícios? Admito de bom grado que exista uma espécie de religião democrática tradicional em que a liberdade de pensamento, por exemplo, permanece um dogma. Mas uma democracia sem religião, contanto que observe as regras do jogo, ou seja, que se conforme com as decisões do sufrágio universal, seria menos democracia? Existem democratas e democratas, e um ateniense do século V não devia ter muita coisa em comum com o Senhor Gladstone. Quando o Senhor Roosevelt diz "sou democrata", isso significa, em suma, "sou cristão". Mas, no fim das contas, se noventa por cento de seus compatriotas tivessem, amanhã, uma concepção totalmente diferente das relações entre o Indivíduo e o Estado, isso por acaso os impediria de eleger uma Câmara de Representantes, um Senado, um Presidente? Isso os impediria de formar uma democracia?

*

O homem livre tem apenas um inimigo: o Estado pagão, qualquer que seja o nome que lhe deem, que se afirme em um tirano ou que se dissimule no mais espesso da multidão hedonista e covarde. Nada podemos contra seu poder material, pois logo domina nosso trabalho e nossa vida. A nova organização econômica favoreceu prodigiosamente seu crescimento, e o imenso esforço da guerra colocou toda a maquinaria sob seu controle. Sabemos que nada nos devolverá o que nos tomou, ou devolverá tão somente a aparência. Tenho, a propósito, vergonha de falar desse deus, como se existisse por si só, enquanto ele é apenas o assustador resultado de nossa ignorância, preguiça, covardia, de nossos terrores e cobiças. Os homens que esperam se livrar de seus deveres ou riscos por obra da coletividade estão condenados a lhe entregar também seus direitos. Ainda hoje, diante da maior catástrofe de todas as histórias, vocês quase nunca ouvirão esses infelizes dizer que se esforçarão, amanhã, para mudar, para ser pessoas melhores. Não é a eles mesmos que sonham melhorar, mas a Constituição, o Estado. Esperam, enfim, encontrar uma legislação milagrosa, que será justa e razoável, que lhes permitirá que continuem a ser o que são, enriquecer e se deleitar não apenas sem riscos, mas também sem remorsos. Continuarão a enriquecer à custa dos pobres-diabos, enquanto o Estado recolherá, em seus hospícios, os pobres-diabos que terão arruinado. Terão filhos, mas o Estado pagará pela gravidez, pelo parto, pagará pela ama de leite, dará a pensão ao menino e honrará os genitores. Ou, ainda, eles se recusarão a ter filhos e o Estado pagará a quem os fizer em seu lugar. Cortarão árvores, esgotarão as fontes, envenenarão os rios, mas a Coletividade assumirá as despesas da rearborização, construirá reservatórios e imensos viveiros para a fecundação artificial dos peixes. Enfim, eles praticarão todos os seus vícios, mas o Estado os assegurará das consequências. Em seu afã por lucro, dissiparão todas as riquezas da Terra, mas, graças a uma modesta contribuição debitada de seus lucros, o Estado Mágico reconstituirá tais riquezas trimestralmente. Nessas condições, seria tão difícil parar o Estado em seu impulso rumo à Onipotência quanto esses covardes em sua corrida rumo à servidão, pois esses dois fenômenos – repito – são apenas um. Mas, ao menos, podemos nos recusar a nos colocar de joelhos e sacrificar os deuses pela Cidade, como fizeram nossos pais, há 2 mil anos. É visível que os Mestres totalitários são assombrados pelo Império Romano e, em seu zelo de novos-ricos, têm realmente muita dificuldade em fazer com que se ignore de que espécie de ordem são os herdeiros legítimos. Sem dúvida, há muito tempo, os Cristãos e seus pastores entenderam que o Estado Moderno e a Nova Ordem não são tão novos quanto queriam, mas evitam, por polidez, pedir-lhe a certidão de nascimento, pois têm muito medo que Nero ou Domiciano tenham, na qualidade de testemunhas, assinado o registro do Estado Civil... O Senhor Hitler não se cansa, no entanto, de colocar tal documento diante do nariz deles e até mesmo de esfregá-lo na cara, pois é um menino que, na juventude, mais frequentou pensões baratas que os salões da embaixada, por isso tem modos desconcertantes.

Pouco importa! Não estamos longe do momento em que o otimista mais determinado deverá admitir o óbvio. Que tipo de obviedade? A do sangue inocente abundantemente derramado. As chancelarias não têm um órgão olfativo muito sensível e, como para as cortesãs de Juvenal, não existe imundície que possa fazê-los vomitar, mas, ao menos, o cheiro do sangue inocente os entorpece, deixando-os mudos.

Homens livres que morrem neste momento cujo nome nem sequer sabemos, homens livres que morrem sozinhos, na alvorada, entre paredes nuas e lívidas, homens livres que morrem sem amigos e sem padre, seus pobres olhos ainda plenos do doce lar familiar, homens livres que, nos últimos passos dados entre a prisão e a cova, sentem esfriar sobre os ombros o suor de uma noite de agonia, homens livres que morrem com o desafio na boca, e também vocês, que morrem chorando; vocês, oh! Vocês, que se perguntam amargamente se não estão morrendo em vão, o suspiro que escapa de seu peito, rompido pelas balas, não é ouvido por ninguém, mas esse sopro fraco é o sopro do Espírito. Não falo aqui a linguagem de um orador de cátedra ou de um poeta neocatólico, mas afirmo uma verdade certeira, tão simples quanto dois mais dois é quatro. Homens livres, muitos entre vocês ficarão surpresos ao saber que eles caminham rumo à vanguarda da cristandade, que Deus os lança adiante para abrir-lhes o caminho. E, se eu lhes falasse face a face, talvez me respondessem por blasfêmias, pois, para eles, a palavra "cristão" nada mais é que um nome unívoco, pelo qual se reivindicam e se justificam todas as servidões, as que vão da condescendência à cumplicidade, da traição dos perjúrios à resignação dos covardes. Sabemos que tais cristãos existem, sabemos também que são prósperos e poderosos na Igreja, até o dia em que, pensando ter decididamente ganhado tudo, perderão tudo. Esta não é uma frase de orador! O drama do Evangelho se repete de século em século com precisão maravilhosa. Deus não escolhe os mesmos homens para guardar sua Palavra e para cumpri-la. Se os devotos e devotas quisessem fazer as distinções necessárias, entenderiam muito melhor a história da

Igreja, não se espantariam com mais nada, mas, antes, se deleitariam com o silêncio dos doutores e dos casuístas, pois, quando personagens tão grandes quanto estes falam alto demais, não se pode mais ouvir as consciências; os comentários sufocam o texto. Não importa muito, a propósito, que os escribas definam o Homem-Cristão de uma maneira ou de outra, com o objetivo de tranquilizar César e retardar o máximo possível o momento das explicações decisivas. O que importa é saber o que, exatamente, é o Homem-Cristão, pois existe um tipo de Homem--Cristão, e esse tipo de homem é consagrado pela própria Igreja: o Santo. Os santos são o exército da Igreja. Julgamos a força de um povo pela qualidade de seus diplomatas? Pois bem, os diplomatas da Igreja não valem muita coisa, justamente porque são medíocres, dificilmente cedem o lugar, lembram malabaristas desastrados que recomeçam seu número vinte vezes. Mas a Igreja armada, eis o que conta! Oh! Não estou falando de canhões ou metralhadoras... A Igreja armada é a Igreja de pé, com os santos na primeira fileira. É verdade que a Igreja se levanta apenas no último momento – mais valeria dizer que apenas luta quando encostada à parede, quando lhe é impossível recuar um centímetro sequer, pois perderia, assim, de uma única vez, o Espiritual e o Temporal, as Aparências e as Realidades, as Virtudes e o Prestígio, o céu e a terra, entendem? Quando o espírito de Munique se apropriar deles, ignoro até que ponto os democratas se deixarão levar pelo pânico, ao mesmo tempo que a história me ensina o ponto preciso em que, custe o que custar, a Igreja deverá permanecer firme. A Igreja pode muito bem deixar que o elo que a liga a seus santos se afrouxe, mas não poderia permitir que fosse rompido, sob pena de morte. E vocês podem até ter feito dos santos uma imagem ridícula, digo-lhes, mas não existe, para os Mestres do Mundo, uma espécie humana mais dura. São as pessoas que dão a César o que é de César, mas que poderiam ser cortadas em pequenos pedaços antes de lhe dar outra coisa. Ora, é justamente ao que não lhe pertence que César é mais apegado, mas, antes, furta-se de dizê-lo, e essas pessoas não se deixam levar pelas controvérsias e regateios, colocam calma e firmemente nas mãos do Estado aquilo que recebem, e ainda adicionariam de bom grado uma pequena gorjeta para arredondar a conta. E uma vez paga a conta, não pensam mais nela. Não pensam mais nela, pois nada do que César possui poderia lhes causar inveja. Afirmo que esta indiferença cortês é um escândalo mil vezes mais contrário às pretensões de César que as injúrias e os desafios dos anarquistas, pois é terrivelmente contagiosa, pois é um objeto de emulação para as grandes almas, ao mesmo tempo que é a esperança e a consolação dos humilhados. Vocês cometeriam um erro ao pensar que estou falando, aqui, apenas dos santos do calendário! Existem milhares de santos no mundo, conhecidos somente por Deus, que não merecem, de forma alguma, ser elevados ao altar, uma espécie muito inferior e muito rústica de santos, santos de baixa procedência, com apenas uma gota de santidade em suas veias e assemelhados aos verdadeiros santos, tanto quanto um gato vira-lata se parece com um persa ou siamês premiados em concursos. Nada os distingue ordinariamente da massa da brava gente; eles mesmos não se distinguem entre si, pois se acham parecidos com os demais, e mesmo a Igreja nada faz para desiludi-los disto, ao menos enquanto continuar a negociar com César. A Igreja exalta César por sua obediência, seu respeito às leis estabelecidas, seu caráter inofensivo; a Igreja poderia até mesmo dar a entender que são um pouco tolos, um bocado simplórios. De que serviria descobri-los cedo demais? A Igreja sabe que eles existem, que sobrevivem a todos os escândalos, a todas as traições, a todas as simonias, e que sua raça, não menos resistente que a raça dos gatos vira-latas, há de se multiplicar bruscamente, de maneira prodigiosa, a partir do momento em que ousar falar sua linguagem, a partir do momento em que o sangue dos mártires adubar a terra. Certa vez, derrubaram brutalmente o Estado pagão. Derrubaram-no, sim ou não? No fim das contas, não nos recusamos a entender o "Dai a César o que é de César" em sentido amplo o bastante; queremos dar às palavras do *Magnificat* a interpretação mais tranquilizadora para os poderosos; nunca quisemos que os primeiros cristãos fossem revoltados no julgamento do teólogo, mas pedimos a permissão para atentar para o fato de que os cristão eram vistos como revoltados no julgamento do Império e dos funcionários do Império, em toda a opinião tradicionalista e moderada do Império. Que querem vocês? Por mais decididos que sejamos a não passar de um excesso a outro, é, em todo caso, desagradável ouvir bons religiosos gordos falarem do Sermão da Montanha como de um manifesto conservador. Tem-se a impressão de que esses personagens tão notáveis não aguentariam, de forma alguma, ser lembrados em público, durante um jantar oficial, por exemplo, que os primeiros papas foram julgados, condenados, executados como perturbadores da ordem. Quando uma instituição – tenha sido ela a mais respeitosa dos poderes estabelecidos – conta, em seu início, com tal proporção de supliciados, parece difícil admitir que ainda será a favor dos professores de Direito e de Moral Cívica, dos proprietários, dos oficiais de justiça ou dos agentes policiais... Hoje, assim como há vinte séculos, o importante é saber quem vencerá: se a Justiça triunfará sobre a Ordem ou a Ordem sobre a Justiça.

*

Eis o ponto crucial do debate. Falamos todos juntos da Justiça, mas não é na mesma Justiça que pensamos. A minha é a do Evangelho, e admito de bom grado que possa parecer singularmente paradoxal para os professores de Direito, de Economia Política e de Fisiologia. Nesse paradoxo funda-se a nossa liberdade. O cristianismo diviniza o homem. Não é preciso menos para equilibrar, em certa medida, a enorme vantagem que o Coletivo dispõe sobre a Pessoa. Quem não evoca que a ordem humana cairá na lei de ferro da Cidade gigante. Quem espera somente o advento do Reino do Homem se verá privado do Reino de Deus, ou seja, da Justiça, pois o triunfo do homem neste mundo não pode ser obtido senão por uma disciplina cruel, e não entraremos no Paraíso Terrestre senão pelo ventre dos Pobres, dos Fracos, dos Enfermos, justamente de todos aqueles que o Evangelho das Bem-aventuranças exalta. Isso será compreendido tarde demais, enquanto os regimes totalitários não fizeram senão percorrer, em poucos anos, o mesmo caminho que as democracias realistas e materialistas tinham de percorrer em um século ou dois. É muito possível que, quando falo dessa forma, faça rir as elites intelectuais, mas pouco importa! Anuncio às elites que ainda estão submetidas aos semideuses, e eu talvez viva o suficiente para vê-las, mais uma vez, deitar-se aos pés dos Mestres. Que, ao menos, não me cometam a injúria de atribuir a mim um delírio monstruoso qualquer de dominação clerical! Nunca pensei que o cristianismo devesse se realizar dessa forma grosseira. Esperamos da Igreja o que o próprio Deus espera dela: que forme homens verdadeiramente livres, uma espécie de homens livres particularmente eficazes, pois a liberdade, para eles, não é apenas um direito, mas um cargo, um dever, do qual prestarão contas a Deus. Tanto pior se esta distinção lhes parece sutil! Falaremos novamente sobre ela no dia em que os rebanhos humanos saciados, realizados, de barriga bem cheia, abençoando sua servidão, se lembrarem de sua alma como um velho cínico se lembra de seus primeiros amores. Oh! Sem dúvida, a palavra liberdade não será riscada do dicionário, mas não faltarão sofistas para estabelecer que, tendo a Coletividade estabelecido o Bem e o Mal de uma vez por todas, livre é quem obedece, escravo é quem resiste. Meu Deus, essas são teses que já nos são familiares, tais teses ligaram as massas da democracia alemã ao nazismo. Nas palavras de quem, em que boca, amanhã, tornarei a ver tais ideias?

*

Vocês pedem grandes bens à Liberdade; dela, não espero senão a honra. Mesmo que a Liberdade seja para mim, para mim, cristão, a fonte de inúmeros males, a honra que me traz seria ainda mais cara que a vida, pois é a honra do Deus a quem sirvo, que quer ser servido por homens livres. E não me digam que essa liberdade metafísica não interessa à Coletividade, que ela me deixará seu uso de bom grado. Ela nos pedirá a liberdade, cedo ou tarde, em nome do interesse geral, da Economia, da Ciência, de qualquer coisa. Ela nos pedirá a liberdade, pois os meios crescentes de que dispõe acabarão por levar seu velho sonho de uma civilização gregária ao paroxismo, e porque nunca entraremos em sua colmeia, porque nunca reconheceremos, sem reservas capitais, a lei biológica da espécie. Oh! Sem dúvida, não nos iludimos quanto ao nosso poder, entendemos muito bem que as elites desfilam orgulhosamente diante de nossas tropas sem prestígio. Essas elites mal nos conhecem, e é verdade que damos nossa modesta medida apenas em circunstâncias excepcionais, que os sábios chamam de desesperadas. Desesperadas apenas para eles! O desespero dos sábios, para nós, transborda de promessa e esperança. É o sinal de que o inimigo do mundo ultrapassou essas linhas, que as defesas que não tínhamos o direito de tocar, pois não eram nossas defesas, acabam de ser rompidas e forçadas. O combate que nos foi proibido oferecer agora se oferece a nós. Ai! Por minha vez, peço perdão pelas metáforas belicosas, cujos pregadores animam o zelo dos devotos, mas que posso fazer? Por mais incrível que pareça, é perfeitamente exato dizer que nos consideramos, nós, os cristãos, os únicos realmente responsáveis pela liberdade humana, pois somos responsáveis diante de Deus; não somos responsáveis pelos Direitos do homem, notem bem, mas pelo princípio de legitimidade sobre o qual o fundamos. Vocês fazem pouco dos princípios, bem sei, vocês os substituem por sinais, mas sempre chega a hora em que esses sinais não têm, em absoluto, mais valor que cédulas de banco no fim de um período de inflação. Os reis da França foram poderosos senhores a partir do século XII. E, no entanto, que restou, em 1429, de Carlos VII? Nem seus juízes, nem seus soldados, nem seus clérigos puderam lhe devolver o que perdera. Contudo, em seu bom senso tranquilo, a sábia e pequena Lorena entendeu muito bem por onde se deveria começar: contra a vontade da própria Igreja, exigiu que fizessem desse jovem príncipe um rei consagrado. Quando o homem tiver perdido tudo, também exigiremos que tenha, resignadamente, a Unção que o diviniza, e abriremos para ele a rota do Sagrado.

Você poderá interessar-se também por:

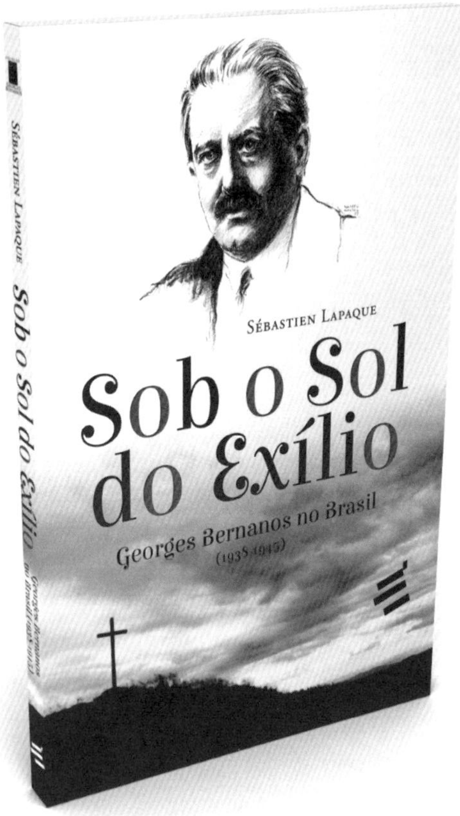

Georges Bernanos, o "Dostoiévski francês", viveu no Brasil no período de 1938 a 1945. Neste livro, ao mesmo tempo viagem investigativa e exercício de admiração, Sébastien Lapaque rastreia as relações de Bernanos com intelectuais brasileiros e com o homem do povo; fala dos sonhos de uma "Nova França" em território latino-americano e do sofrimento com os rumos da Europa; e trata da presença brasileira nas obras de Bernanos aqui redigidas. Uma obra generosa com o Brasil e repleta de esperança cristã.

facebook.com/erealizacoeseditora

twitter.com/erealizacoes

instagram.com/erealizacoes

youtube.com/editorae

issuu.com/editora_e

erealizacoes.com.br

atendimento@erealizacoes.com.br